武汉纺织大学学术著作出版基金资助出版

湖北省教育厅人文社科思想政治教育项目结题成果，
项目号：15Z118

《资本论》的逻辑何以可能：
马克思主义辩证法思想研究

■ 白音 著

武汉纺织大学人文社科文库

（第四辑）

中国社会科学出版社

图书在版编目（CIP）数据

《资本论》的逻辑何以可能：马克思主义辩证法思想研究/白音著.
—北京：中国社会科学出版社，2017.11
（武汉纺织大学人文社科文库）
ISBN 978 - 7 - 5203 - 0988 - 2

Ⅰ.①资… Ⅱ.①白… Ⅲ.①唯物辩证法—研究 Ⅳ.①B024

中国版本图书馆 CIP 数据核字（2017）第 224745 号

出 版 人	赵剑英
责任编辑	田　文　徐沐熙
责任校对	闫　萃
责任印制	王　超

出　　版	中国社会科学出版社
社　　址	北京鼓楼西大街甲 158 号
邮　　编	100720
网　　址	http://www.csspw.cn
发 行 部	010 - 84083685
门 市 部	010 - 84029450
经　　销	新华书店及其他书店

印　　刷	北京君升印刷有限公司
装　　订	廊坊市广阳区广增装订厂
版　　次	2017 年 11 月第 1 版
印　　次	2017 年 11 月第 1 次印刷

开　　本	710×1000　1/16
印　　张	12.25
字　　数	160 千字
定　　价	55.00 元

目　　录

导论　辩证法的"三者一致"：黑格尔、马克思与列宁 …………（1）

　一　以史为鉴进行哲学研究在当代的价值和意义 …………（1）

　二　马克思主义视域下辩证法三者一致研究的价值

　　　和意义 …………………………………………………（3）

引言　辩证法的"三者一致"何以可能 ……………………………（5）

　一　为什么研究辩证法的"三者一致" …………………………（5）

　二　辩证法"三者一致"的思想谱系 ……………………………（8）

　　　（一）黑格尔 ……………………………………………（8）

　　　（二）马克思 ……………………………………………（10）

　　　（三）列宁 ………………………………………………（11）

第一章　什么是黑格尔的"全部有价值的东西" …………………（15）

　第一节　辩证法"三者一致"的理论前提——思存

　　　　　同一性 ………………………………………………（15）

　一　思维与存在的关系问题的自在性 …………………………（16）

　二　黑格尔的批评：思维与存在关系问题上的三种

　　　态度 …………………………………………………………（20）

三　黑格尔的思维和存在同一说 …………………………（29）

第二节　辩证法与逻辑学的合流 …………………………（40）

　　一　辩证法的开端 ………………………………………（40）

　　二　辩证法与形式逻辑的"合" ………………………（43）

　　三　传统形式逻辑之弊 …………………………………（44）

　　四　康德先验逻辑建立的理论任务 …………………（47）

　　五　黑格尔"概念的旋舞"——思辨逻辑与体验 …（55）

第三节　黑格尔的逻辑学（辩证法）就是本体论 ………（59）

　　一　康德问题：现象和本体的区分 …………………（60）

　　二　费希特、谢林对康德问题的解决 ………………（63）

　　三　黑格尔的辩证法就是本体论 ……………………（64）

第四节　辩证法和认识论的一致 …………………………（75）

　　一　黑格尔的《逻辑学》与认识的机能 ……………（76）

　　二　黑格尔"逻辑和历史"的相一致原则 …………（82）

第二章　如何理解马克思"三者一致"的辩证法思想 ………（86）

第一节　"物"的德国唯心论渊源 …………………………（88）

　　一　康德的"自在之物" ………………………………（88）

　　二　古典批判 ……………………………………………（93）

　　三　现实批判 ……………………………………………（96）

第二节　马克思辩证法"三者一致"的唯物主义前提 ………（99）

　　一　国民经济学的"劳动"：财富的本质 …………（100）

　　二　黑格尔的"劳动"：精神世界的对象化活动 ……（102）

　　三　马克思的"劳动"：从"生"到"活"的存在
　　　　理念 ………………………………………………（107）

第三节　《资本论》的逻辑：作为认识论和逻辑学的
　　　　辩证法 ……………………………………………（113）

　　一　《资本论》的逻辑：《资本论》与逻辑学 ……（114）

二　《资本论》的逻辑：批判的、革命的辩证法 ………（128）

三　《资本论》的逻辑：关于资本的认识论 …………（136）

第四节　超越黑格尔的遗产——《资本论》的逻辑：关于

人类解放的逻辑 …………………………………（147）

第三章　列宁的理论推进："三者一致"的辩证法思想 ………（154）

第一节　回到列宁：辩证法为什么是黑格尔 …………（156）

第二节　列宁的视域："唯物主义的逻辑、认识论和辩证法"

三者一致的思想 …………………………………（159）

一　列宁的解读：逻辑学意义上的辩证法 ………（159）

二　为什么辩证法是认识论 ………………………（164）

第三节　辩证法"三者一致"的唯物主义基点——实践 ………（168）

结语　以辩证法的"三者一致"推进马克思主义

辩证法研究 …………………………………………（173）

参考文献 ……………………………………………………（178）

后　记 ………………………………………………………（188）

导　论

辩证法的"三者一致"①：黑格尔、
马克思与列宁

一　以史为鉴进行哲学研究
在当代的价值和意义

关于哲学，黑格尔说过，它是"思想所把握到的时代"，马克思则进一步把它表述为"真正的哲学是自己时代精神的精华"。无论是具有明快浪漫主义色彩的法国启蒙哲学，还是艰深晦涩的德国古典哲学，离开了它们所处的时代都是无法理解的。由此可见，任何时代的哲学不论其形式是如何抽象，都和其所处的时代息息相关，绝不是一些人所认为的哲学是脱离人的现实生活的玄学。如果说哲学与时代密切相关，那么哲学作为反思性的精神维度在现时代还有着怎样的功能和作用呢？对以"崇高"自诩的"哲学"进行研究在现当代还有怎样的价值和意义呢？这是值得我们深入思考的。现代哲学对传统哲学的批判、消解、终结，虽然在不同程度上改变了传统哲学的面貌，但却没有真正终结了哲学，遗忘了哲学，这也正是哲学的价值和意义所

---

① 辩证法的"三者一致"是列宁在《哲学笔记》中关于"《资本论》的逻辑"的论述中蕴含的一个重要思想，即关于唯物主义的逻辑、辩证法和认识论"三者一致"的辩证法问题，本书以此为根本的理论旨趣来说明《资本论》的逻辑何以可能。

在。哲学本身具有人性基础，它是人作为有限存在者在反思层面追求无限的过程。只要有人类存在，哲学就永远不会终结。即便终结，终结的也不是哲学，而是某一具体的哲学形态，当它不再适应这个时代的时候，它就必然会被扬弃掉。哲学作为时代精神的精华，它面对的"现实"也正是人类生活的年代，它不仅在理论上表征着时代，而且对于时代所存在的问题进行批判性的反思、规范性的矫正和理想性的引导。21 世纪，我们置身于其中的这个时代，是一个全球化的时代，现代科学技术的高速发展向大自然显示了它前所未有的力量，也为我们提供了丰富的物质基础和舒适的生活条件；改革开放以来的市场经济为我们实现理想、追求自由提供了一个宽广的空间，不断丰富的大众文化满足着人类的精神需求。但科技文明、市场经济和大众文化的三位一体也带来了一系列人们所未曾预料的结果：愈演愈烈的环境污染、生态平衡、能源危机，人在寻找一种令人满意的生活方式的同时却发现自己处于一种不能看透并受到合理化强迫的职业之中，并被现代社会的伪善弄得极为失望而宁愿选择异化作为他们的生活方式。以追求金钱、利益作为最终的目的，以至于表现得相当不理性。看吧，"一个由工具效率和认知专门化作标准来支配的社会和文化，就有可能产生这样一种铁笼：人们的精神被推入其中而没有任何逃脱的希望"①。在这个看似合理化的社会中，人所体验到的是一种特有的所有人的不自由：人们总是已经知道自己该怎样做。"世界的祛魅"已失去了真实的意义，而不仅仅是"庙里的神"失去了它原有的灵光，充满迷幻力的思想和实践从世上消失。精神的家园日益离人们远去，信仰的迷失、精神的匮乏成为现代社会中无法挥去的一种迷茫。现代人的这种异化状态表明了当代人的生活世界正处于深刻的"危机"之中。真正的哲学必将承载着历史和时代的使命，用规范

① ［英］尼格尔·多德：《社会理论与现代性》，陶传进译，社会科学文献出版社 2002 年版，第 44 页。

性、应当性的尺度矫正和救治自己时代的根本弊病，用自己的崇高唤醒异化的人。哲学的真义正是为了终极的真与美而作连续的、上升的努力与探索，使人类重拾对崇高的追求。

二 马克思主义视域下辩证法三者一致研究的价值和意义

本书以探讨列宁在《哲学笔记》中论述关于《资本论》的逻辑所蕴含的辩证法的"三者一致"问题为根本的理论旨趣。辩证法是马克思主义的活的灵魂。我们对"辩证法"的通常理解，是把它理解为一种"方法"，一种可以用来解释任何问题的最根本的、最重要的"方法"。在这种习惯性的理解中，我们却淡化甚至遗忘了"辩证法"的生命根基和根本要求——"具体问题具体分析"，因而走向了"辩证法"自身的反面——脱离思想内容的"变戏法"。而辩证法之所以被人们嘲讽为"变戏法"，是因为"辩证法"变成了"可以用来套在任何论题上的刻板公式"，变成了"可以用来在缺乏思想和实证知识的时候及时搪塞一下的词汇语录"，也就是把"辩证法"变成了没有思想内容的"辩证词句"。那么，更深层的原因是什么呢？就是不理解辩证法是"辩证法、认识论和逻辑学"三者一致的内涵逻辑。

理解辩证法，黑格尔是关键。黑格尔的"本体论、认识论和逻辑学"三者一致的辩证法思想是建立在他的唯心主义的"思维和存在同一"的基础上的，即逻辑思想是一切事物自在自为地存在着的根据。思想不仅是我们的思想，也是事物的本质。黑格尔的逻辑学是研究思维及其规律的科学，而思维自身的本性即辩证法。思维作为理智必陷于矛盾，必自己否定自身，所以逻辑学本质上就是研究概念的辩证运动的科学。此外，逻辑学以研究真理为对象，认识论也研究真理，真理是认识的本质，所以逻辑学不能不是认识论。黑格尔的辩证法之所以是一切辩证法的源泉，就在于它实现了辩证法理论形态从自发到自觉的根本性转换，它展现的是本体论、认识论和逻辑学相统一的人类思想运动的逻辑。

黑格尔的唯心辩证法可以说是马克思辩证法的直接理论来源。马克思完全吸收了黑格尔"三者一致"的辩证法思想，并以更加敏锐的方式将其应用于资本主义社会的研究。虽说马克思没有一本像黑格尔《逻辑学》那样研究辩证法的著作，但他遗留下了《资本论》的逻辑，这并不是指一般意义上类似于形式逻辑、辩证逻辑那样纯粹研究思维形式的逻辑，而是指包括它和唯物主义认识论在"同一门科学"即政治经济学研究中的应用，它是马克思应用自己的辩证法、认识论和辩证逻辑思想来研究政治经济学这门科学时所集中表现出来的一种特殊形式。简而言之，《资本论》的逻辑就是马克思作为认识论和逻辑学的辩证法。

辩证法的"三者一致"是黑格尔哲学的本然结构，马克思在改造黑格尔唯心辩证法的基础上，将它运用于资本主义经济结构的研究，列宁在《哲学笔记》中明确地将黑格尔（《逻辑学》）与马克思（《资本论》）放在同一个"事业"中，并在黑格尔—马克思那里找到了十月革命的理论合法性，最终在客观的实践辩证法的基础上，实现了主观辩证法、认识论和辩证逻辑学的"三者一致"，这是列宁对马克思、恩格斯所创立的理论的巨大推进。

引　言
辩证法的"三者一致"何以可能①

虽说马克思没有遗留下"逻辑"（大写字母的），但他遗留
下《资本论》的逻辑，应当充分地利用这种逻辑来解决这一问
题。在《资本论》中，唯物主义的逻辑、辩证法和认识论［不
必要三个词：它们是同一个东西］都应用于一门科学，这种唯
物主义从黑格尔那里吸取了全部有价值的东西并发展了这些有
价值的东西。②

——列宁《黑格尔辩证法〈逻辑学〉的纲要》

一　为什么研究辩证法的"三者一致"

辩证法是马克思主义的活的灵魂，在马克思的《政治经济学批
判》中，关于如何研究经济学这个问题，恩格斯作出过这样的一段
论述："自从黑格尔逝世之后，把一门科学在其固有的内部联系中
来阐述的尝试，几乎未曾有过。官方的黑格尔学派从老师的辩证法

---

① 列宁在《哲学笔记》中关于"《资本论》的逻辑"的论述，蕴含着一个重要问题
值得我们深入研究，即关于唯物主义的逻辑、辩证法和认识论"三者一致"的辩证法问题，
本书以此为根本的理论旨趣来说明《资本论》的逻辑何以可能。

② ［俄］列宁：《哲学笔记》，人民出版社1993年版，第290页。

中只学会搬弄最简单的技巧，拿来到处应用，而且常常笨拙得可笑。对他们来说，黑格尔的全部遗产不过是可以用来套在任何论题上的刻板公式，不过是可以用来在缺乏思想和实证知识的时候及时搪塞一下的词汇语录。"① 恩格斯的这段论述是犀利而又切实的，时至今日，我们对于辩证法的研究不免还是会在此打转。在坚持"辩证法"的同时，又常常把"辩证法"讥讽为"变戏法"——这是现实向理论提出的严峻课题，也是我们必须要面对和回答的问题。

我们对"辩证法"的通常理解，是把它理解为一种"方法"，一种可以用来解释任何问题的最根本的、最重要的"方法"。在这种通常的理解中，我们却淡化甚至遗忘了"辩证法"的生命根基和根本要求——"具体问题具体分析"，从而走向了"辩证法"自身的反面——脱离思想内容的"变戏法"。人们之所以把"辩证法"嘲讽为"变戏法"是因为"辩证法"变成了"可以用来套在任何论题上的刻板公式"，变成了"可以用来在缺乏思想和实证知识的时候及时搪塞一下的词汇语录"，也就是把"辩证法"变成了没有思想内容的"辩证词句"。那么，更深层的原因是什么呢？就是不理解辩证法是"逻辑、认识论和辩证法"三者一致的内涵逻辑。"虽说马克思没有遗留下'逻辑'（大写字母的），但他遗留下《资本论》的逻辑，应当充分地利用这种逻辑来解决这一问题。在《资本论》中，唯物主义的逻辑、辩证法和认识论［不必要三个词：它们是同一个东西］都应用于一门科学，这种唯物主义从黑格尔那里吸取了全部有价值的东西并发展了这些有价值的东西"这一列宁在《黑格尔〈逻辑学〉一书摘要》中著名的论断，隐含着一个重要的哲学问题就是辩证法的"三者一致"。

---

① 《马克思恩格斯选集》（第 2 卷），人民出版社 1995 年版，第 40 页。

关于辩证法理论的研究，一直是学界的焦点，研究的著作层出不穷。① 而有关辩证法的"三者一致"问题也有学者进行探讨过，但总是被当作不证自明的前提包含在辩证法之中，作为分支和部分，蜻蜓点水般地划过。因此，可以说关于这一问题的理论内涵及其真实意义并没有特别系统的论述。那么，究竟如何理解辩证法的"三者一致"？更进一步说，从辩证法的"三者一致"出发，应该如何理解辩证法本身？这是本书从列宁的论断关于《资本论》的逻辑出发所要探讨的中心问题。

关于列宁《在哲学笔记》中论述《资本论》的逻辑所蕴含的"逻辑、辩证法和认识论"三者一致的问题，在我们的哲学著作中，答案是异口同声的肯定，没有什么异议，但要问这三者是怎样一致的？为什么"不必要三个词"就是"同一个东西"？就会发现人们的理解各不相同。归纳起来，主要有两种代表性的观点，一种观点认为：辩证法、认识论和逻辑三者是三门科学的统一，即认为三者有各自独立的研究对象，辩证法是关于思维发展的普遍规律的科学；认识论是关于思维和存在如何统一的认识及其规律的科学；逻辑学是关于思维及其规律的科学，它们是关于三个不同层次的论域的理论。只是因为这三门科学在对象上有重叠，作为三个不同层次的论域的理论具有依次包含的关系，有共同的基础，即辩证法最一般的规律；而认识论和逻辑又可以看成体现在认识和思维领域的特殊辩证法，所以三者才是统一的。第二种观点则认为"三者一致"是一门科学的三个方面的同一，是一个东西即关于"思维和存在的关系问题"的哲学理论，是一个东西同时具有三个方面的属性、功能和内容，是一个东西

---

①　国外以卢卡奇为首的西方马克思主义一直重视辩证法的研究，如卢卡奇的《历史与阶级意识》、霍克海默的《启蒙辩证法》、阿多诺的《否定的辩证法》、科西克的《具体的辩证法》等；英美的学者，如奥尔曼的《辩证法的舞蹈》、帕斯卡尔的《辩证法：自由的脉搏》、莱文的《辩证法内部对话》等；国内自20世纪80年代以来到现在对辩证法的研究一直没有中断过，如高清海的《论辩证法就是认识论》、孙正聿的《理论思维的前提批判——论辩证法的批判本性》、张一兵的《马克思历史辩证法的主体向度》、孙利天的《论辩证法的思维方式》、贺来的《辩证法的生存论基础》等。

三方面的特征，而不是三个东西之间的统一。本书对辩证法"三者一致"的理解是立于后一种观点的。

二 辩证法"三者一致"的思想谱系

（一）黑格尔

黑格尔作为德国古典哲学的集大成者，是唯心主义哲学家，这是毋庸置疑的，但黑格尔哲学不是一般意义上的唯心主义，而是"聪明的唯心主义"。正如马克思所说的比起从前的一切旧唯物主义，能动的方面却被唯心主义抽象地发展了，这"能动的方面"就是黑格尔"本体论、认识论和逻辑学（辩证法）"三者一致的唯心主义辩证法，它展现的是本体论、认识论和逻辑学相统一的人类思想运动的逻辑，凝聚的是德国近代古典哲学思想的精华，所以辩证法这个哲学术语是与黑格尔的名字联系在一起的。理解辩证法，黑格尔是关键。[①] 而人们对"辩证法"的误解，在某种程度上也可以说就是对"黑格尔"的误解，即未能理解黑格尔哲学全部有价值的东西。因此，对待黑格尔及其辩证法的态度，一是全盘否定，认为黑格尔是唯心主义哲学家，人们总是将黑格尔哲学与抽象思辨、唯心主义联系在一起，好像黑格尔哲学就是抽象的、僵化的、唯心的，对于坚定的唯物主义者来说，黑格尔必然被置于马克思的对立面而予以批判和抛弃，殊不知这却使我们错失了黑格尔哲学无数的珍宝，对黑格尔"精神先验性的摈弃，伴随的是对辩证法的抛弃"；二是简单继承（传统教科书），马克思的辩证法继承于黑格尔，但黑格尔的辩证法是唯心主义的，只要把唯心主义颠倒为唯物主义，即把观念或思维的主体转变为物质的主体，就得到了

[①] 关于黑格尔辩证法思想的研究，如［法］科耶夫的《黑格尔导读》；［加拿大］泰勒的《黑格尔》；［美］皮平的《黑格尔的观念论》；［英］斯退士的《黑格尔哲学》，国内邓晓芒的《思辨的张力——黑格尔辩证法新探》是研究辩证法的典范，其中一章专门研究了黑格尔辩证法作为逻辑学、认识论、本体论的三者一致。

马克思的唯物辩证法。殊不知在没有完全弄懂黑格尔唯心主义意义上辩证法的合理内核之外，又在旧唯物主义的原则基础上颠倒了黑格尔的辩证法，造成了对马克思辩证法的双重误解，这下辩证法可真就成了变戏法，成了没有思想内容、没有概念内涵，可以套在任何论题上的刻板公式。似乎辩证法像某种"工具"一样，需要的时候就拿出来用在各种对象上，用完之后，又收起来以备再用。所以现在最迫切的问题就在于弄懂黑格尔，进而弄懂黑格尔辩证法的"三者一致"。

　　对待黑格尔的态度，全然抛弃一定是行不通的，简单继承存在的问题更大，因为表面看来，人们好像很懂黑格尔辩证法的"三者一致"，但细究起来却只是泛泛地"承认"或只是一种实证化的理解。为什么辩证法是逻辑学？它何以就是逻辑学？在黑格尔"三者一致"的辩证法思想中，最突出的问题就是黑格尔的辩证法到底是不是认识论？一些学者认为，黑格尔的辩证法是逻辑学，是本体论，这些问题不大，只要是对黑格尔有一定的理解，基本上是可以说得过去的，但是说辩证法是认识论，却存在很大的争议，甚至不承认二者的一致。持这一观点的学者认为：近代认识论问题的症结在于真理是大全，而概念是有规定的、有限的，用有限的规定去把握无限的大全，必然会陷入矛盾，并且会使真理因为建立在经验之上而被有限化。康德作为近代认识论的集大成者把这一问题推到了极致，最终导致了物自体不可知的二元论，可见康德的认识论本身是有缺陷的，黑格尔为了解决这一问题，必然要抛弃康德的认识论立场，所以黑格尔的辩证法是本体论，是逻辑学，但不可能是认识论。① 怎样看待这样的观点呢？这些都是需要我们深入思考的问题，也只有真正准确地把握了黑格尔辩证法的"合理内核"，才能真正地超过黑格尔，否则盲目地反叛黑格尔只能倒退到前黑格尔哲学的水平，同样地，也只有把握了黑格尔哲

---

① 参见李继宗、谢遐龄《从康德和黑格尔看认识论和辩证法的区别》，《学术月刊》1985 年第 9 期。

学尤其是其《逻辑学》的真实意义，黑格尔哲学视域的局限才会显露出来，一个真实的哲学问题域才可能出现。

（二）马克思

黑格尔的唯心主义辩证法可以说是马克思辩证法的直接理论来源，马克思是从黑格尔那里学习到辩证法的，这是学界所公认的。当德国思想家们把黑格尔当作一条"死狗"抛弃时，马克思公开承认他是这位大思想家的学生，甚至卖弄了黑格尔特有的表达方式，并认为黑格尔"第一个全面地有意识地叙述了辩证法的一般运动形式"①。可以说，黑格尔实现了辩证法理论形态从自发到自觉的根本性转换，它展现的是本体论、认识论和逻辑学相统一的人类思想运动的逻辑。这在列宁看来，是黑格尔哲学"全部有价值的东西"，而马克思则唯物主义地把黑格尔哲学全部有价值的东西吸收过来并发展了这些有价值的东西。

但是马克思的辩证法（《资本论》的逻辑）也是三者一致的吗？对此，学界却持质疑甚至否定的态度，马克思自己在《资本论》的跋语中也曾写道："人们对《资本论》中应用的方法理解得很差，这已经由对这一方法的各种互相矛盾的评论所证明。"② 从《资本论》出版到现在，关于马克思《资本论》的方法一直是研究和争论的焦点。③ 一些学者认为，马克思继承了黑格尔辩证法的合理内核，并把它们运用到社会经济形式中，《资本论》是马克思的应用逻辑学，但是人们往往简单地把《资本论》的辩证法仅仅当作一种"供使用"的"方法"，或者当作一种构成体系的从抽象到具体的叙述方式，甚

---

① ［德］马克思：《资本论》（第一卷），人民出版社 2004 年版，第 22 页。
② 同上书，第 19 页。
③ 关于《资本论》方法的研究著作有很多，如［日］见田石介的《资本论的方法研究》、内田弘的《新版〈政治经济学批判大纲〉的研究》、柄谷行人的《跨越性批判——康德与马克思》、［意大利］奈格里的《〈大纲〉：超越马克思的马克思》、［苏］伊利延科夫的《马克思〈资本论〉中抽象和具体的辩证法》、［苏］凯德洛夫的《论辩证法的叙述方法》、刘永信的《〈资本论〉的逻辑》、李建平的《〈资本论〉第一卷辩证法探索》等。

至否认及割裂马克思的辩证法、认识论和逻辑学是一个东西，因而仅仅以直观反映论的认识论去看待《资本论》的经济范畴与其对象之间的关系，并从而把《资本论》看成某种"非批判的实证主义"①。

马克思的辩证法到底是什么意义上的辩证法？是什么造成了对马克思辩证法这样的误解？其中一个重要的原因就在于质疑者指出，马克思根本没有一本类似黑格尔《逻辑学》那样的研究思维、思维规定和规律的著作，虽然马克思在给恩格斯的信中曾写道"我很愿意用两三个印张把黑格尔所发现、但同时又加以神秘化的方法中所存在的合理的东西阐述一番，使一般人都能够理解"，② 但马克思最终还是没有写出来。此外，在马克思主义的阵营里，如普列汉诺夫还把马克思主义的认识论混同于费尔巴哈的形而上学的唯物主义，把辩证法仅仅当作实例的总和，从而把认识论和辩证法割裂开来。这所导致的严重后果就是"辩证法"走向了自身的反面——脱离思想内容的"变戏法"。用列宁的话来说，这种理解方式恰恰表明了半个世纪以来，之所以没有一个马克思主义者是理解马克思的，就在于没有理解在马克思那里辩证法也是"三者一致"的，它是"唯物主义的逻辑、辩证法和认识论"的三者一致。

（三）列宁

马克思、恩格斯逝世之后，对黑格尔和马克思的辩证法研究遭遇了前所未有的"滑铁卢"。第二国际的首领（如德国的考茨基、俄国的普列汉诺夫等）相继背叛了马克思主义，背叛了马克思的辩证法学说，"他们作出博学的样子，搬出大量经过歪曲的马克思的话"，却为机会主义辩护，为帝国主义辩护，妄图用当时时髦的新康德主义和马赫主义来取代和纠正辩证唯物主义；还声称自己的理论根据是马克

---

① 参见［苏］罗森塔尔《马克思"资本论"中的辩证法问题》，上海三联书店1957年版。

② 《马克思恩格斯〈资本论〉书信集》，人民出版社1976年版，第121页。

思的"辩证法",殊不知他们这么做恰恰是对辩证法的歪曲,是对唯物主义的背离,是对辩证法就是认识论的否认。表面看来,"三者一致"的辩证法有一副好皮囊,实际上已经成了没有内容的空洞形式。对此列宁愤怒地指出:"普列汉诺夫也要狡猾地引用'辩证法'(这是这位著作家惯用的手法)来粉饰一番","在用诡辩术偷换辩证法这一崇高事业中,普列汉诺夫打破了纪录"①。在考茨基和普列汉诺夫那里,辩证法成了最卑鄙、最下贱的诡辩术;更为严重的是他们不只歪曲辩证法甚至还完全抛弃辩证法,用费尔巴哈的直观反映论取代唯物主义的能动反映论,割裂辩证法和认识论、辩证法和唯物主义的关系。对此列宁也指出:"都自称为马克思主义者,但是对马克思主义的理解却迂腐到了无以复加的程度。马克思主义中决定意义的东西,即马克思主义的革命辩证法,他们一点也不理解"②。针对这种歪曲和否定的危害,为了真正弄懂并能在革命实践中正确应用辩证法,列宁旗帜鲜明地展开斗争,"在这个由一整块钢铁铸成的马克思主义哲学中,决不可去掉任何一个基本前提、任何一个重要部分,不然就会离开客观真理,就会落入资产阶级反动谬论的怀抱"③。在参看黑格尔的《逻辑学》和马克思的《资本论》时,首次明确地提出了"唯物主义的逻辑、辩证法和认识论"三者一致的辩证法。④ 在对待黑格尔和辩证法的问题上,可以说列宁为我们作出了典范。

《哲学笔记》是列宁 1895 年至 1916 年间研读前人哲学著作时所作的笔记的汇编,在这个笔记中,我们看到列宁超越了其早期特别是《唯物主义和经验批判主义》中关于唯心主义和唯物主义这种过于简单的划分(尽管那曾经是第二国际马克思主义的哲学基点),开始正

---

① 《列宁专题文集——论辩证唯物主义和历史唯物主义》,人民出版社 2009 年版,第 244 页。

② 同上书,第 343 页。

③ 《列宁选集》(第 2 卷),人民出版社 1972 年版,第 332—333 页。

④ 黑格尔和马克思的辩证法本身是三者一致的,但是他们并没有明确提出,是列宁在《哲学笔记》中首次提出了"唯物主义的逻辑、辩证法和认识论的三者一致"。

视黑格尔"聪明的唯心主义",而摒弃庸俗的旧唯物主义。有学者甚至认为"《哲学笔记》最鲜明的观点即唯心主义不是个错误,而只是一种片面的夸大"。在此也可以明显地看到,列宁是非常注重辩证法问题的研究的,尤其重视对黑格尔《逻辑学》的研究,重视黑格尔就是重视辩证法。① 列宁的整部《哲学笔记》都立于《逻辑学》的基础上,通过参看《资本论》,在二者的双重互动中得出一个根本性的结论,即"虽说马克思没有遗留下'逻辑'(大写字母的),但他遗留下《资本论》的逻辑,应当充分地利用这种逻辑来解决这一问题。在《资本论》中,唯物主义的逻辑、辩证法和认识论[不必要三个词:它们是同一个东西]都应用于同一门科学,这种唯物主义从黑格尔那里吸取了全部有价值的东西并发展了这些有价值的东西"②。列宁的结论清晰而又鲜明,《资本论》不只是吸取了黑格尔哲学中全部有价值的东西,而且还发展了这些东西,因而构成了《资本论》的"唯物主义的逻辑、辩证法和认识论"作为"同一个东西"的"逻辑"。但是人们对于列宁提出的"三者一致"的辩证法思想却往往把它当成现成的结论接受下来,而不理解其深层的含义,当然,就更不能理解列宁在此基础上提出和遗留的重大理论问题,例如:

　　　　为什么"辩证法也就是(黑格尔和)马克思主义的认识论?"

　　　　如何理解"唯物主义的逻辑、辩证法和认识论"是同一个东西?

　　　　为什么"不钻研和不理解黑格尔的全部逻辑学就不理解马克思的《资本论》?"

---

① 关于列宁《哲学笔记》的研究当推张一兵的《回到列宁》,为我们研究列宁的思想提供了新的视角;孙正聿《列宁的"三者一致"的辩证法——〈逻辑学〉与〈资本论〉双重语境互动中的〈哲学笔记〉》也为研究列宁的辩证法思想作出了典范。

② 列宁:《哲学笔记》,人民出版社1993年版,第290页。

怎样理解黑格尔逻辑学的"唯心主义最少而唯物主义最多?"

为什么"聪明的唯心主义比愚蠢的唯物主义更接近于聪明的唯物主义?"

怎样理解黑格尔《逻辑学》包含"辩证唯物主义"和"历史唯物主义"的萌芽?

如何理解任何一门科学都是"应用逻辑"?

怎样"从逻辑的一般概念和范畴的发展与运动的观点去总结思想史?"

为什么辩证法是"在概念的逻辑中表达运动的本质?"

从列宁提出的这些问题可以看出,辩证法关涉的是"黑格尔的逻辑学""唯物主义""逻辑的运动""范畴的发展""认识论",也就是说这些理论问题的深层根源都是对辩证法问题的"三者一致"的理解和研究。所以说关于列宁所提出和论述的"三者一致"的辩证法,远不是一个已经取得"共识"的或已经解决了的问题,而恰恰是当代辩证法研究中,特别是当代的马克思主义辩证法研究中需要深入探索和重新阐释的迫切的重大理论问题。而就《哲学笔记》而言,它已经成为列宁之后的政治论作如《帝国主义论》《国家与革命》和其他一些论述国家民族解放著作的哲学基础。

综上所述,笔者认为有必要深入研究辩证法的"三者一致"问题。

第一章

什么是黑格尔的"全部
有价值的东西"

德国被康德引入了哲学的道路，因此哲学变成了一件民族的事业。一群出色的大思想家突然出现在德国的国土上，就像用魔法呼唤出来的一样。①

——海涅论德国哲学

第一节　辩证法"三者一致"的理论前提——
思存同一性

黑格尔的本体论、认识论和逻辑学三者一致的辩证法思想是建立在他的唯心主义的"思维和存在同一"的基础上的。黑格尔在唯心主义的基础上深刻地阐述了思维和存在的同一性问题。只有充分理解黑格尔的思维和存在同一的思想，才能理解他的"三者一致"的辩证法思想。

恩格斯关于哲学基本问题有两个论断，一是："全部哲学，

---

① ［德］海涅：《论德国宗教和哲学的历史》，商务印书馆 2016 年版，第 118 页。

特别是近代哲学的重大的基本问题，是思维和存在的关系问题。"① 这个问题包含以下两个方面：一是关于思维和存在何者为本原的本体论问题："……思维对存在、精神对自然界的关系问题，全部哲学的最高问题……只是在欧洲人从基督教中世纪的长期冬眠中觉醒以后，才被十分清楚地提了出来，才获得了它的完全的意义。……什么是本原的，是精神，还是自然界？"② 二是关于思维和存在是否有同一性的认识论问题："思维和存在的关系问题还有另一个方面：我们关于我们周围世界的思想对这个世界本身的关系是怎样的？我们的思维能不能认识现实世界？我们能不能在我们关于现实世界的表象和概念中正确地反映现实？用哲学的语言来说，这个问题叫作思维和存在的同一性问题……"③

另一个论断就是："我们的主观的思维和客观的世界遵循同一些规律，因而两者在其结果中最终不能互相矛盾，而必须彼此一致，这个事实绝对地支配着我们的整个理论思维。这个事实是我们的理论思维的本能的和无条件的前提"④。

我们先撇开"哲学基本问题的两个方面"不谈，仅就哲学基本问题本身来说，思维和存在的关系问题就是一个"元哲学"的问题，它是我们思维的不可置疑的前提，没有这个问题就没有哲学。

一 思维与存在的关系问题的自在性

费尔巴哈曾直率地指出"全部哲学史就是在思维和存在关系问题的周围兜圈子"。在哲学史上，对思维和存在关系这一问题的思想萌芽，最早可以追溯到哲学的发源地——古希腊，哲学从以泰勒斯为首

---

① 《马克思恩格斯选集》（第4卷），人民出版社1995年版，第223页。
② 同上书，第224页。
③ 同上书，第225页。
④ 同上书，第364页。

的米利都学派开始追问"万物的'始基'是什么"时便开始了它的历程。泰勒斯说"水是原则",阿那克西曼尼提出一个"气",阿那克西曼德指出万物的始基是"无限",赫拉克利特则指出"火"是一切事物的本质。当这些哲学家还在自然的物质世界寻找万物的始基时,巴门尼德"存在"概念的提出则摆脱了自然事物的具体性,开始了一种抽象的、形而上学的思考——"我们不能不这样说和这样想:只有存在物是存在的。因为存在物的存在是可能的,非存在物的存在则不可能"①。"可以被思想的东西和思想的目标是同一的;因为你找不到一个思想是没有它所表达的存在物的"②。巴门尼德认为,凡思想都是关于存在的思想,亦即关于"某物"的思想,思想和"说""表述"是一回事,所谓"思想"就是能够说和表述出来的逻各斯(λóγο ς),而凡是清晰地表述出来的思想都是有所指的,因而是与存在同一的,存在就是思想所指和所确定的内容。巴门尼德第一次在哲学史上明确地表述了思维与存在这一哲学基本问题,哲学也随之被提升到了思想的领域,所以黑格尔才会说"真正的哲学思想从巴门尼德起始了,在这里可以看见哲学被提高到思想的领域"③。"一个人使得他自己从一切的表象和意见里解放出来,否认它们有任何真理,并且宣称,只有必然性,只有'有'才是真的东西"④。

巴门尼德虽然提出了"思维和存在的关系问题",但关于这一问题仍然是朦胧而不明确的,直至柏拉图 eidos 的出现,哲学被指向了另一个世界——理智的、超感性的世界。对此,黑格尔就指出"柏拉图真正的思辨的伟大性之所在,是他对于理念的明确规定,——这种关于理念的知识在几百年后一般地是酝酿成世界历史和形成人类精神

---

① 北京大学哲学系编译:《古希腊罗马哲学》,上海三联书店 1957 年版,第 51 页。

② 北京大学哲学系外国哲学史教研室编译:《西方哲学原著选读》(上卷),商务印书馆 1981 年版,第 33 页。

③ [德]黑格尔:《哲学史讲演录》(第一卷),贺麟、王太庆译,商务印书馆 1959 年版,第 267 页。

④ 同上。

生活的新形态的基本因素"①。海德格尔也不止一次说道,"纵观整个哲学史,柏拉图的思想以有所变化的形态起着决定性作用,形而上学就是柏拉图主义";之后的一切哲学都在说着柏拉图的语言,哲学对"存在之存在"表达的基本词语就是"eidos 即 idea（理念）"。柏拉图首先区分了真理和意见,真理是有理性确定性的认识,而意见则是基于经验、信念、习惯的判断,无确定性可言。哲学是爱智之学,所以哲学的目标是以追求真理为己任,瞬息万变的"感觉"世界,正是由于感性世界的不断变化,所以关于它们,真理是不存在的,不能有一个确定的知识,只有意见,而无真理可言,唯有思想所产生出来的才具有真理性,因为思想是具有普遍性的,普遍的东西只有通过思想的论证才是可靠的。柏拉图把这种普遍性的内容规定为理念,"他一方面把这些非感性的东西称为理念,另一方面感性的东西全都处于它们之外,并靠它们来说明。由于分有,众多和理念同名的事物才得以存在"②。在此,他把巴门尼德的"存在"进一步划分为"理念"的存在和"现象"的存在,认为只有"理念"才是真实的存在,理念是共相,是万事万物的本原,它是超越于感性事物的实体性存在,是个别感性事物的范型,而感性的个别事物则分有了"理念"而成其为现象的存在。正如柏拉图自己所认定的那样,"一件东西之所以美,是由于美本身出现在它上面,或者为它所分有,不管是怎样出现的,怎样分有的。我对出现或分有的方式不作肯定,只是坚持一点:美的东西是美本身或美的理念使它美的"③。所以现象世界的存在是"理念世界"的原型,理念是真实的、永恒的、绝对的、神圣的存在,同时理念还具有伦理价值,服从于一种"善"或"好"的目的,最高

---

① ［德］黑格尔:《哲学史讲演录》（第二卷）,贺麟、王太庆译,商务印书馆1960年版,第203页。

② 亚里士多德:《形而上学》,苗力田译,中国人民大学出版社2003年版,第17页。

③ 北京大学哲学系外国哲学史教研室编译:《西方哲学原著选读》（上卷）,商务印书馆1981年版,第33页。

的理念就是"至善"。哲学的任务和目的就在于认识理念，对理念的认识是一种回忆，是一种对自身的深入。理念作为知识必然蕴含着"思维与存在的同一性"，柏拉图并没有把巴门尼德关于"思维和存在的关系"的论述深入探讨下去。由此，我们可以说，柏拉图为哲学指明了一条从"思想"到"现实"的路线。但这一从"思想"到"现实"的理路，一旦涉及"本质—本体"，就会陷入矛盾，对此黑格尔批评道："柏拉图把理念了解为联系、界限和无限者，了解为一和多，了解为单纯者和殊异者，却没有把它了解成为思维和存在。"①

作为古希腊哲学的集大成者、人类思想的最大权威，亚里士多德把古希腊的理性精神推向了巅峰。他概括总结了古希腊哲学和科学的成就，认为哲学是"爱智慧"，那什么是"智慧"呢？只有那些研究最初原因和事物所由之生成的东西才可被称为"智慧之学"，爱即追求那些事物由之生成的东西，所以哲学就是"考察作为存在的存在，以及就自身而言依存于它们的东西的科学"。对于"存在"的确定的、可靠的知识的把握，则是通过语意分析的形式逻辑来把握，在亚里士多德看来，存在于苏格拉底、柏拉图"思想"中的"理念（真、善、美）"只有变为各种逻辑"范畴"（质、量、模态、关系、时空……）才可以掌握"存在之存在"的真理。可见亚里士多德没有割裂关于存在的规定性和思维的规定性，"存在"的规定性中包含着"思维"的规定性，他的形而上学思想是他的逻辑学思想产生和进展的哲学依据，而语义分析的逻辑法则是他形成自己第一哲学思想的重要工具和内在动因。所以黑格尔才会说，"亚里士多德哲学中的主要环节，是思维与思维的对象的同一，——客观的东西和思维（能力）乃是同一个东西"②。但是亚里士多德乃至整个古希腊时期对于思维和存在的关系问

---

① 转引自俞吾金《关于哲学基本问题的再认识》，《北京大学学报》（哲学社会科学版）1997 年第 2 期。

② ［德］黑格尔：《哲学史讲演录》（第二卷），贺麟、王太庆译，商务印书馆 1960 年版，第 299 页。

题的讨论还是潜在的、朴素的，并没有真正达到对这一问题的理论
自觉。

思维对存在的关系问题，在中世纪的经院哲学中也起着重要作
用，正如恩格斯所说的"什么是本原的，是精神，还是自然界？——
这个问题以尖锐的形式针对着教会提了出来：世界是神创造的呢，还
是从来就有的"①？众所周知，在经院哲学中长期存在着唯名论和唯
实论之争，这一争论的实质就是思维（共相）和存在（个别事物）
的关系问题。"一般和个别的关系问题"是唯名论和唯实论两派争论
的焦点，唯名论认为，"个别"是唯一的实在，"一般"或"共相"
只是名称；而唯实论则主张"一般"先于"个别"而存在，"一般"
是唯一的实在。例如，唯实论者安瑟伦通过上帝这一概念的完满性推
论出了上帝的存在，即著名的关于"上帝存在的本体论证明"，可见
安瑟伦认识到了思维与存在这一最高对立的统一。但在中世纪，这种
思维与存在的一致性只是基督教信仰的一种强行的假定，所以黑格尔
批评道："在经院哲学中，思维和存在的本性并不是研究的对
象，——它们的性质只是被假定罢了。"② 在中世纪，哲学已经沦为
论证宗教教条的工具。事实上直到近代西方哲学，思维和存在的关系
问题才达到了理论思维的自觉，"近代哲学并不是淳朴的，也就是说，
它意识到了思维与存在的对立。必须通过思维去克服这一对立，这就
意味着把握住统一"③。

二　黑格尔的批评：思维与存在关系问题上的三种态度

黑格尔在其《哲学全书》的第一部分，即我们俗称的《小逻辑》

---

① 《马克思恩格斯选集》（第4卷），人民出版社1995年版，第224页。
② 参见黑格尔《哲学史讲演录》（第三卷），贺麟、王太庆译，商务印书馆1959年
版，第295—296页。
③ ［德］黑格尔：《哲学史讲演录》（第四卷），贺麟、王太庆译，商务印书馆1960年
版，第7页。

中，写了大量的章节，专门论述和批评了近代哲学有关"思维与存在关系的问题"，即"思想对客观性的三种态度"。

（一）思想对客观性之态度一：旧形而上学的方法（用有限的概念去把握无限）

思想对客观性的第一种态度，黑格尔把它称为一种"素朴的态度"，即"康德之前的形而上学"，主要是指唯理论学派（笛卡儿、斯宾诺莎等），这种形而上学认为"思维的规定即是事物的基本规定，并且根据这个前提，坚持思想可以认识一切存在，因而凡是思维所想的，本身就是被认识了的"①。黑格尔认为这种态度有三个缺点：

1."这种形而上学大都以为只须用一些名词概念［谓词］，便可得到关于绝对的知识，它既没有考察知性概念的真正内容和价值，也没有考察纯用名言［谓词］，去说明绝对的形式是否妥当"②。也就是说，用有限的思维范畴（概念或谓词）去把握无限的真理，如"存在"被用在"上帝有存在"这个命题里。但在黑格尔看来，真理并不单纯的是对"有限事物"的认知，"真理本身是无限的，它是不能用有限的范畴所能表达并带进意识的"③。传统形而上学的思维方式是有限的思维，因为它总是运思于有限思维的界限内，并把这种界限看作固定和一成不变的东西接受下来，而不再对它加以否定。黑格尔就"上帝有存在"这一命题举例说明，旧形而上学的观点认为这里的"存在"为一纯粹肯定的、究竟至极的、无上优美的东西，但黑格尔则指出"存在"并不单纯是一种肯定的东西，而是一种太低级的规定，不足以表达理念，也不配表达上帝。"这些谓词都是有限制的知性概念，只能表示一种限制，而不能表达真理"，"理性的对象却不是这些有限的谓词所能规定，然而企图用有限的名言去规定理性

① ［德］黑格尔：《小逻辑》，贺麟译，商务印书馆1980年版，第95页。
② 同上。
③ 同上书，第96页。

的对象，就是旧形而上学的缺陷"①。

2. 形而上学的对象成了外在设定的对象，诸如灵魂、世界、上帝等属于理性的理念，都来自表象，既然这些对象都脱离不开表象，那么就只能用主观的标准去评判那些谓词的恰当性以及是否足够充分以表达理性的对象，这就会给它们掺杂主观的成分，给它们带来各种不同的解释。不仅如此，命题判断的形式因其是片面的故而不真，因此不适于表达具体的和玄思的真理。

3. 此外，黑格尔还指出按照有限规定的本性，旧形而上学的思想"必须于两个相反的论断中，……肯定其一必真，而另一必错"②，故陷入独断论。独断论就是一种坚持"非此即彼"的僵化的知性思维方式。

黑格尔从三个方面说明了旧形而上学的缺点，但核心内容无非就是说孤立的、单一的、无矛盾的观点把握不了具体的、全面的真理。用黑格尔的话说就是"这种形而上学未能达到具体的同一性，而只是固执着抽象的同一性"③。

（二）思想对客观性之态度二：有限的概念只能把握有限的事物

1. 经验主义——哲学应是现实的如此

经验主义是在反对形而上学的基础上产生的。旧形而上学以抽象的、孤立的、片面的知性观点去把握无限的理性真理，知性本身的抽象使其缺乏"具体的内容"和"坚实的据点"，为了补救形而上学的偏蔽，经验主义应运而生，"经验主义力求从经验中，从外在和内心的当前经验中去把握真理，以代替纯从思想本身去寻求真理"④。黑格尔指出，经验主义有两大原则，即"凡是真的，必定在现实世界中

---

① ［德］黑格尔：《小逻辑》，贺麟译，商务印书馆1980年版，第98页。
② 同上书，第101页。
③ 同上书，第109页。
④ 同上书，第110页。

为感官所能感知"①；"凡我们认为应有效用的知识，我们必须亲眼看到，亲身经历到"②。相比旧形而上学，经验主义则发出这样的呼声："不要驰骛于空洞的抽象概念之中，而要注目当前，欣赏现在，把握住自然和人类的现实状况。"③ 对于经验主义的现实原则，黑格尔还是表示赞同的，哲学不应只是"彼岸的观念"，哲学更应是"现实的如此"。

事实上，经验主义虽然反对形而上学，但它本身也未逃出形而上学的方法。经验主义总是以知觉来把握当前实事的形式，殊不知知觉之为知觉就在于它是个别的和转瞬即逝的，知识不能老是停滞在知觉的阶段，一定要进入知觉的个别事物中去寻求普遍性和永久性，从而进展到经验的过程、经验形成的过程。经验主义采用的是分析的方法，即把个别事物的种种规定一层一层地剥开加以分析，对此，黑格尔指出，经验主义在分析对象时，"自以为它是让对象呈现其本来面目，不增减改变任何成分，但事实上，却将对象具体的内容转变成为抽象的了"④。事实上，分析的方法就是形而上学的方法，经验主义和旧形而上学都从一种"现成的内容"出发，然后再用分析的方法把这种内容分解为僵死的、孤立的内容。就此而言，也可以说是经验主义"不自觉地、无意识地"运用了旧形而上学的方法从而又回到了旧形而上学的怀抱。此外，黑格尔还指出，经验中虽然可以呈现出许多前后相续的知觉，但前后相续和彼此接近并不等于它们之间有必然性的联系，"如果老是把知觉当做真理的基础，普遍性与必然性便会成为不合法的，一种主观的偶然性，一种单纯的习惯，其内容可以如此，也可以不如此的"⑤。此种极端的后果，就是走向怀疑论乃至

① ［德］黑格尔：《小逻辑》，贺麟译，商务印书馆1980年版，第111页。
② 同上书，第112页。
③ 同上。
④ 同上书，第113页。
⑤ 同上书，第116页。

不可知论。

2. 批判哲学——无限是信仰的对象

康德的批判哲学同经验主义一样，都把"经验当作知识的唯一基础"，但不同的是康德不把基于经验的知识看作"真理"，而仅把它看作关于"现象的知识"。

康德指出，传统形而上学的问题在于没有先批判、考察抽象的"知性概念"就把它们应用于无限之物，这是一种"独断论"的表现。康德认为有必要先对人的理性认识能力进行批判考察，批判的结果即指出人的认识能力是有限的，人只能认识关于"现象"的知识，而不能超越现象去说明"物自身"。康德对于旧形而上学的范畴加以考察，在黑格尔看来这无疑是一种很重要的进展。"但这里立即会引起一种误解，以为在得到知识以前已在认识，或是在没有学会游泳以前勿先下水游泳。"① 黑格尔则认为对思维形式的考察本身已经是一种认识历程了，不是要在求知之前先考察认识的能力，而是我们必须在认识的过程中将对思维形式的批判和思维形式活动本身结合在一起。"思维形式既是研究的对象，同时又是对象自身的活动。"② 此外，黑格尔又指出，康德对于思维形式的考察，还有一个致命的缺点，那就是他没有从这些思维范畴的本身去考察它们，而只是问：它们是主观的还是客观的？在日常生活中，所谓客观是指存在于我们之外的事物，但康德所谓客观则是指范畴的普遍必然性，亦即思维的客观性。但黑格尔却认为康德所谓思维的客观性仍然是主观的，"按照康德的说法，思想虽说有普遍性和必然性的范畴，但只是我们的思想，而与物自体间却有一个无法逾越的鸿沟隔开着"③。在黑格尔看来，真正的客观性应该是："思想不仅是我们的思想，同时又是事物

---

① ［德］黑格尔：《小逻辑》，贺麟译，商务印书馆1980年版，第118页。
② 同上。
③ 同上书，第120页。

的自身"①。在此，黑格尔是想用自己的绝对唯心主义去代替康德的主观唯心主义。

（1）黑格尔对康德不可知论和先验自我的批评

在康德那里，科学知识由两部分组成，一是"感性"所提供的杂多的、零碎的感官材料；二是"知性"所提供的普遍必然性的形式，两者结合在一起就构成了所谓的科学知识（黑格尔则认为这种结合只不过是外在的"内容"和"形式"的相加，范畴本身仍是一副空虚的架子，感性材料也只不过是从外面填充到知性形式内的一种异己的内容而已）。与此同时，康德也指出，范畴是不能够表达绝对的，绝对是感觉之外的，知性或通过范畴得来的知识，是不能认识物自体的。对此，黑格尔分析了康德所谓"不可知的物自体"，认为它表示的只不过是一种"抽象的对象"——"从一个印象抽出它对意识的一切联系、一切感觉印象，以及一切特定的思想"②。那么，所剩的渣滓和僵尸，只是一个"极端抽象、完全空虚的思维产物"。造成这种物自体不可知的根源则是由于康德"知性"和"理性"的区分，他明确指出："知性以有限的和有条件的事物为对象，而理性则以无限的和无条件的事物为对象"③。基于经验的知性知识的有限性是现象，这可以说是康德哲学的一个重大成果。康德既揭示了思维本性的矛盾，又否定了矛盾的可能性，这造成的结果就是割裂了有限与无限。脱离有条件的东西去追求无条件的东西，必然把理性所追求的"理念"推向不可知的彼岸世界。事实上，在黑格尔看来，"真正的无限并不仅仅是超越有限，而且包括有限并扬弃有限于自身内"④。

（2）黑格尔还对康德的"灵魂""世界""上帝"三个理念作了评价，尤其是关于"上帝存在"的问题，黑格尔把证明上帝存在的

---

① ［德］黑格尔：《小逻辑》，贺麟译，商务印书馆 1980 年版，第 120 页。
② 同上书，第 125 页。
③ 同上书，第 126 页。
④ 同上。

问题转变为思维与存在的统一问题。

要达到思维与存在的统一（对于上帝存在的证明），不外有两种途径：

第一，从存在开始，由存在过渡到思维的抽象物。这种途径的典型代表形式就是宇宙论（自然神学）的证明，"宇宙论"的证明即"从有限事物是一目的存在，证明出无限事物的目的性"，明确地说，就是从个别到普遍，从形而下的到形而上的。康德从不可知论出发，否认了这种推论与过渡，认为有限与无限、现象与物自身之间有一条不可逾越的鸿沟，从而割裂了思维与存在的统一。黑格尔指出，康德的这种观点来源于休谟的"感觉经验中没有普遍性和必然性"的观点。"思想要想从经验的世界观念一跃而升到上帝的观念，显然是违反休谟的观点的。照休谟的观点，不容许对知觉加以思维，换言之，不容许从知觉中去绅绎出普遍性与必然性。"①

第二，从抽象物（思维）出发而回归存在。主要表现为本体论的证明形式。这种证明是从上帝的"概念"推理出上帝的"存在"。"我"心中先有一个上帝的观念，认为上帝是"最高最完满的概念"，因为完满就必然包含"存在"，由此得出上帝是存在的。对此，康德并不赞同，他认为概念是思维的对象，而概念所指的对象存在与否则是经验的对象，二者不能混淆。正如一百块钱的观念同实际存在的一百元钱是不能等同的。黑格尔则站在辩证法的角度批评了康德，黑格尔指出一百元钱的观念与实际存在的一百元钱不相同，像这样浅薄的知识，哲学家们不可能不知道，但事实上二者真正的差别在于上帝这一对象与一百元钱这一对象根本不同类，一百元钱是有限的对象，而上帝则是无限的对象，"事实上，时空中的特定存在与其概念的差异，正是一切有限事物的特征，而且是唯一的特征。反之，上帝显然应该，只能'设想为存在着'，上帝的概念即包含他的存在。这种概念

---

① ［德］黑格尔：《小逻辑》，贺麟译，商务印书馆 1980 年版，第 135—136 页。

与存在的统一构成上帝的概念"①。

总之，康德对有关旧形而上学证明上帝存在的两条途径的驳斥，是从形而上学的知性思维方式出发的，割裂了存在与思维、有限与无限，并认为二者之间不能相互过渡。与此相反，黑格尔则从辩证的思维方式出发证明了思维与存在的统一，"精神的提高固然是一种过渡和中介的过程，但同时也是对过渡和中介的扬弃。……只有通过否定世界的存在，精神的提高才有了依据，于是那只是当作中介的东西消逝了，因此即在中介的过程中便扬弃了中介"②。从思维到存在，一定要经过矛盾的过程。由思维外化，通过实践，来达到与存在的统一。对于黑格尔思想中的辩证法因素，列宁也给予了极高的评价，他说："这是机智而正确的。任何具体的东西、任何具体的某物，都是和其他的一切处于相异的而且常常是矛盾的关系中，因此，它往往既是自身又是他物。"③

（三）思想对客观性的态度之三：直觉主义

德国哲学家耶柯比是"思想对客观性的态度三"的主要代表人物，他坚持把直接知识与思想绝对地对立起来，认为"思想论证的道路"是不能把握住活生生的个体性和无限之物的，只有直觉才有这种能力。

耶柯比认为，范畴、思想是受到限制的规定，而受限制的思维是谈不上认识无限、认识真理的。因为一旦用这种有条件的、有中介性的事物的形式去认识真理、认识无限的事物，就会用知性范畴把它变成一个有条件、有中介的东西。在这样的方式下，反而把无限、真理歪曲成为不真的东西了。"耶柯比主张真理只能为精神所理解，认为人之所以为人，只是由于具有理性，而理性即是对于上帝的知识。但因间接知识仅限于有限的内容，所以理性即是直接知识、信仰"④。

---

① ［德］黑格尔：《小逻辑》，贺麟译，商务印书馆1980年版，第140页。
② 同上书，第137页。
③ 列宁：《哲学笔记》，人民出版社1993年版，第115页。
④ ［德］黑格尔：《小逻辑》，贺麟译，商务印书馆1980年版，第154页。

耶柯比所谓的"直接知识"主要是指"以一个直接呈现于意识内的内容或事实作为基本原则";所谓的"信仰本身"也没有确定的内容可言,它既可以把基督教的信仰作为内容,又可以容许任何内容渗入,如呈现在当前感觉中的日常事物。

关于耶柯比的"直接知识",黑格尔认为,他能看到范畴本身的有限性,这是正确的。但这种直接知识的观点坚持的是孤立的直接知识,排斥任何中介性和间接知识(通过论证得到的知识),事实上仍然陷于非此即彼的形而上学的理智观念中,耶柯比错误地以为它们已经超出了有限的范畴,但实际上它们仍然处于外在的间接关系中。在黑格尔看来,"知识的直接性不但不排斥间接性,而且两者是这样结合着的:即直接知识实际上就是间接知识的产物和成果"①。对此,黑格尔举了一个简单的事例,如"我在柏林,我的直接存在是在这里,然而我之所以存在在这里,是有其中介性的,是由于我走了一段旅程才来到这里的"。直接知识和间接知识是结合着的。此外,黑格尔还指出,耶柯比认为真理的标准不是内容的本性,而是意识的事实,这样一来,"凡我在我的意识内发现的东西,便扩大成为在人人意识内发现的东西,甚至被说成是意识自身的本性"②。由此导致的消极结果就是一切迷信和偶像崇拜都可以被宣称为真理,任何毫无道理并违反道德内容的意志也都可以得到辩护,真理由此失去了客观性,而完全成了一种主观任意性。可以说,耶柯比的"直接知识"实际上退回了近代的笛卡儿哲学。

黑格尔所谓"思想对客观性的态度"的问题,实际上就是在讲"思维与存在的关系"问题,与之前不同的是,黑格尔把这个问题同辩证法联系了起来。在黑格尔看来,旧形而上学者主张思维与存在有同一性,思维可以认识存在,但他们是运用有限的、抽象的知

---

① [德]黑格尔:《小逻辑》,贺麟译,商务印书馆1980年版,第160页。
② 同上书,第164页。

性范畴去把握无限的、绝对的真理，是一种独断论的表现；（经验主义和康德哲学）则是通过划界的方式认为范畴只能把握有限的、相对的事物，而无限的、绝对的真理不是被否认就是被推到不可知的彼岸世界，这种态度从本质上割裂了思维与存在的同一性；耶柯比的"直接知识"主张思维与存在的同一，但他否认间接知识（论证得到的知识），割裂有限与无限，它所把握的绝对真理具有主观任意性。总的说来，他们都没有真正解决思维与存在的关系问题。

三　黑格尔的思维和存在同一说

（一）实体即主体

黑格尔认为，哲学的真正出现，是由于我们能在思维中自由地把握自己和自然，从而思维和理解合理的现实，即本质，亦即普遍规律本身，从而一切都是思维。所以黑格尔攻击唯物主义："唯物论认为物质的本身是真实的客观的东西。但物质本身已经是一个抽象的东西，物质之为物质是无法知觉的。所以我们可以说，没有物质这个东西，因为就存在着的物质来说，它永远是一种特定的具体的事物。"[①]在这里，黑格尔并不否认具体事物的存在，而是不赞成物质能够作为世界的本原而存在，他认为世界的本原是绝对，是精神，绝对即精神。但黑格尔所说的"绝对"与谢林的"绝对"不同，"绝对"作为宇宙万物的本原和基础，在谢林那里，只是"无差别的同一"，因而是静止不动的；黑格尔则认为"绝对即精神"这个实体不是静止不动的，而是如费希特的"自我"即思维的"主体"那样是能动的实体，所以"实体在本质上即是主体，这乃是绝对即精神这句话所要表达的观念"[②]。在《精神现象学》的序言中，针对斯宾诺莎的实体缺乏能动性，黑格尔提出了实体即主体的思想。"一切问题的关键在于：

---

① ［德］黑格尔：《小逻辑》，贺麟译，商务印书馆 1980 年版，第 115 页。
② ［德］黑格尔：《精神现象学》（上卷），贺麟、王玖兴译，商务印书馆 1979 年版，第 17 页。

不仅把真实的东西或真理理解和表述为实体，而且同样理解和表述为主体。"① 在黑格尔看来，实体自身就蕴含着运动发展的能动性的内在动力。"活的实体，只当它是建立自身的运动时，或者说，只当它是自身转化与其自己之间的中介时，它才真正是个现实的存在，或换个说法也一样，它这个存在才真正是主体。实体作为主体是纯粹的简单的否定性，唯其如此，它是单一的东西的分裂为二的过程或树立对立面的双重化过程，而这种过程则又是这种漠不相干的区别及其对立的否定。所以唯有这种正在重建其自身的同一性或在他物中的自身反映，才是绝对的真理，而原始的或直接的统一性，就其本身而言，则不是绝对的真理。真理就是它自己的完成过程，就是这样一个圆圈，预悬它的终点为目的并以它的终点为起点，而且只当它实现了并达到了它的终点它才是现实的"②。黑格尔认为，实体唯有本身就蕴含着运动发展的内在动力才能展开自身而成为现实，只有当我们把实体同时也理解为主体，理解为自己展开自己的运动的时候，才能说明它的现实性。也就是说，实体并非无差别的同一性，而是在其自身内就蕴含着否定性和矛盾，不动的东西自身能引起运动的力量就在于这种纯粹的否定性，而实体作为主体的能动性就表现在它自身所蕴含的这种纯粹否定性，单一的东西通过自己否定自己从而一分为二，将自己树立为对立面，然后扬弃自身的否定性，从而重建自身的统一。黑格尔更是强调"如果内中缺乏否定物的严肃、痛苦、容忍和劳作，它就沦为一种虔诚，甚至于沦为一种无味的举动"③。真实的存在或真理就是一个发展的过程，由于这个发展是其自己展开自己的自我运动，只有当它达到了终点才能成其为现实，因而真理乃是将所有一切展开了的因素都包容于自身之内的全体。用黑格尔自己的话来解释就是从绝

---

① ［德］黑格尔：《精神现象学》（上卷），贺麟、王玖兴译，商务印书馆1979年版，第12页。

② 同上书，第12—13页。

③ 同上。

对到绝对精神的过程，是一个从潜在到现实的过程。如果说绝对还只是潜在的因素，那么只有当它展开自身并扬弃一切差别而重建自身的时候，它才达到了真正的现实性，换言之，"绝对"通过人类精神来认识自己，最终成为"绝对精神"。在这个过程中，越是在后的环节较之前面的环节更具有现实性和真理性，黑格尔称它们为在先的东西的"真理"或"本质"，即一种逻辑先在性，它是此前阶段既克服又保留自身的结果。这里更需避免产生这样一个误解，即达到了绝对精神，并不是说人的认识就达到了最后穷尽一切的完满境界，它表达的是绝对精神作为人类的最高精神境界，它虽然达到了一个主客统一性的自身存在的现实性，但这个现实性并不排除事物有无限的表现，即不断地进步，且不断加深认识，它是一个自我完成的圆圈——没有开端，没有终结。"一个原则的合理性，不但不排除无限性，而且它的展开就是一个无限性，这是它的本性"①。黑格尔在《精神现象学》中把绝对精神的自我运动形象地比喻为"酒神节的宴会"，他说"真理就是所有的参加者都为之酩酊大醉的一席豪饮，而因为每个参加豪饮者离开酒席就立即陷于瓦解，所以整个的这场豪饮也就同样是一种透明的和单纯的静止。在上述运动的审判面前，个别的精神形态诚然像确定的思想一样并不会持续存在，但它们正像它们是否定的和正在消失着的环节那样，也都是肯定的必然的环节"②。可以说，黑格尔关于"实体即主体"的思想，也就是思维和存在同一的思想。既是实体又是主体的绝对精神包含思维和存在两个环节于自身之内。

（二）凡是合理的就是现实的，凡是现实的就是合理的

黑格尔的"凡是合乎理性的东西都是现实的，凡是现实的都是合乎理性的"这一命题，也是他的唯心主义思维与存在同一说的重要内容。这一命题首先是在《法哲学原理》中被着重提出来的，后来在

---

① 邹化政：《黑格尔哲学统观》，吉林人民出版社1991年版，第103—104页。

② ［德］黑格尔：《精神现象学》（上卷），贺麟、王玖兴译，商务印书馆1979年版，第34页。

《哲学全书·第一部分》的导言中对其加以发挥。

黑格尔的《法哲学原理》本身是以"国家学"为内容的，"国家作为其自身是一种理性的东西"，"国家应是一种合理性的表现，国家是精神为自己所创造的世界，因此，国家具有特定的、自在自为地存在的进程。……国家高高地站在自然生命之上，正好比精神是高高地站在自然界之上一样"①。黑格尔在讲国家理论时提出"凡是合乎理性的东西都是现实的，凡是现实的都是合乎理性的"这一命题，表面上来看是要从哲学上论证现存的普鲁士国家的存在是合理的、必然的，但深入本质，却蕴含着革命性的因素。"现实"这个词的德文词为"Wirklichkeit"，词根为"wirken"，意为工作、活动、生产，就是做事情，这就蕴含着一种能动性在里面，亦即发展着的东西，所以就此意而言"现存"与"现实"就是不同的，"现存"是当下的存在，现存的不一定就是现实的，而现实的包含现存的意思于其中。现实的东西是具有必然性的前进发展的东西，所以必将扬弃现存的、不合理的东西。"从逻辑的观点来看，就定在一般说来，一部分是现象，仅有一部分是现实。在日常生活中，任何幻想、错误、罪恶以及一切坏东西、一切腐败幻灭的存在，尽管人们都随便把它们叫做现实。但是，甚至在平常的感觉里，也会觉得一个偶然的存在不配享受现实的美名。因为所谓偶然的存在，只是一个没有什么价值的、可能的存在，亦即可有可无的东西"②。现实的必然是真实的东西，而不是偶然的存在或转瞬即逝的现象，所以黑格尔认为唯有精神才是现实的，精神的东西是本质或自在而存在着的东西，"现实就其有别于仅仅的现象，并首先作为内外的统一而言，它并不居于与理性对立的地位，毋宁说是彻头彻尾地合理的。任何不合理的事物，即因其不合理，便不得认作现实"③。例如我们平常说某人是不是一个真正的诗人，在

---

① ［德］黑格尔：《法哲学原理》，范扬、张企泰译，商务印书馆1961年版，第285页。
② ［德］黑格尔：《小逻辑》，贺麟译，商务印书馆1980年版，第44页。
③ 同上书，第296页。

黑格尔这里，主要看他是不是符合诗人的"概念"，因为凡是合乎理性规律的东西都是要在现实中表现出来的，在现实的历史过程中实现出来的。如果他没有作出真正显示才智的贡献和扎实的业绩，那么人们大都拒绝承认他是真实的诗人。这就很清楚地说明了为什么"凡是现实的都是合乎理性的"。关于"凡是合乎理性的都是现实的"，黑格尔也有自己的解释，我们知道，黑格尔认为，事物之所以是事物，全凭内在于事物并显示他自身于事物内的概念活动。概念不仅是主观的东西，而且是客观事物的本质，一个仅仅存在于头脑中的主观概念，也许很难在实际中实现出来，但是，一个作为客观事物之本质的概念就"不会软弱无力到永远只是应当如此，而不是真实如此的程度"①。所以哲学研究的对象不是别的什么，就是现实性。对于黑格尔的这一命题，恩格斯对其进行了唯物主义的发挥，他说："黑格尔的这个命题，由于黑格尔的辩证法本身，就转化为自己的反面：凡在人类历史领域中是现实的，随着时间的推移，都会成为不合理性的，就是说，注定是不合理性的，一开始就包含着不合理性；凡在人们头脑中是合乎理性的，都注定要成为现实的，不管它同现存的、表面的现实多么矛盾。按照黑格尔的思维方法的一切规则，凡是现实的都是合乎理性的这个命题，就变为另一个命题：凡是现存的，都一定要灭亡。"②

（三）从传统到现代：存在问题的解构

传统哲学对存在问题的追求在黑格尔那里达到了顶点，用海德格尔的话来说："哲学达到了它最极端的可能性。"随之而来的是现代哲学对传统哲学的批判及对其合理性的质疑。"拒斥形而上学""哲学终结说""后哲学文化""科学哲学的兴起"成了西方哲学的主流话语。在此就需要我们认真思考这样一个问题：从传统哲学到现代哲

---

① ［德］黑格尔：《小逻辑》，贺麟译，商务印书馆1980年版，第45页。
② 《马克思恩格斯选集》（第4卷），人民出版社1995年版，第216页。

学：是存在的解构还是重建？

现代西方哲学——无论是以强调哲学应以实证自然科学为基础的"科学主义思潮"还是以要求冲破理性、绝对而转向非理性直觉的"人本主义思潮"乃至所谓现代后期的"后现代主义思潮"，都以自身独特的方式批判着传统哲学。如果说早在希腊时期科学还是在由哲学开启出来的视域内发展，那么随着科学从哲学母体内分离出来并建立其独立性，现如今的科学已取得了前所未有的辉煌成就。与此同时，科学的急速发展却使曾经作为科学的科学——哲学的合法性遭到了质疑。现代西方科学哲学的代表人物——逻辑经验主义者赖欣巴哈把这种质疑推上了顶峰，其系统阐述传统哲学与科学哲学原则差异性的代表作《科学哲学的兴起》在当时产生过巨大的反响，在书的原序中他明确指出该书写作的目的："哲学已从思辨进展而成为科学了。"对于整个传统哲学，他认为这只不过是人类的不幸，"人类总是倾向于甚至在他们还无法找到正确答案时就作出答案"，"当科学解释由于当时的知识不足以获致正确概括而失败时，想像就代替了它，提出一类朴素类比法的解释来满足要求普遍性的冲动。表面的类比……被当作是解释了。这样，普遍性的寻求就被假解释所满足了。哲学就是从这个土地上兴起的"①。赖欣巴哈在批判了传统哲学之后，又得出这样的结论，即"新哲学是作为科学研究的副产品而发生的……他们的哲学是企图找到在科学研究中碰到的一些问题的答案的结果"②。对于上述观点值得我们深思，诚然，以"寻求最高原因"的传统哲学在对存在问题的追求中同样造成了这个问题的异化，但赖欣巴哈却极端地否定了传统哲学对精神的把握和对自由的追求及其历史成果。他把哲学只看作"科学"的附属品，认为哲学不再是凌驾于科学之上的"科学的科学"，而是变成了"关于科学"的科学。赖

---

① ［德］赖欣巴哈：《科学哲学的兴起》，伯尼译，商务印书馆1966年版，第11页。
② 同上书，第98页。

欣巴哈犯了一个致命的错误，正如雅思贝尔斯所指出的："那就是以哲学的名义发展了一种按其本性系非哲学的道路。这种思路到底意欲什么？它意欲普遍有效的知识，但它却引不起任何研究。"① 这正是哲学与科学的区别，科学再发展，也"引不起任何的研究"，也穷尽不了世界的奥秘，而人的本性正如赖欣巴哈向我们揭示的那样，思辨哲学之所以发达的心理根源即人的形而上学本性。对普遍性的寻求并不因为没有科学的回答而自行退去。哲学就是这样一种事业，寻求终极存在、终极解释、终极价值，理性真理是人类同崇高联系起来的桥梁，它使人类同神的观点一致成为可能，这也正是哲学的魅力所在。而科学是做不到这一点的，以赖欣巴哈为代表的科学主义思潮企图用对"科学哲学"的膜拜来代替"人类的本性"，妄图使哲学科学化、逻辑化、技术化，用实证科学的理论和方法改造哲学，以科学哲学代替哲学整体，那无论如何也是一种幻想。

下面让我们看另一种观点，以罗蒂为代表的后现代主义哲学活动的一个重要工作就是对自柏拉图以来的西方传统哲学进行批判、改造。在其代表作《哲学和自然之境》中，他综合杜威、海德格尔等人的哲学观点阐述了自己的想法，"我们应当按照杜威实用主义精神不再去探讨一个精神生活类型的等级系统。我们应当把科学看作适用于某些目的，把政治、诗歌和哲学都看作是各有其目的。我们应当摈弃西方特有的那种将万事万物归结为第一原理或在人类活动中寻求一种自然等级秩序的诱惑"② 罗蒂以一种实用主义的态度探讨了传统哲学的终结，提出了反基础主义、反本质主义、反表象主义，并且指出我们已经生活于后哲学文化中。罗蒂曾对西方传统哲学作过这样的概括："自古希腊时代以来，西方思想家们一直在寻求一套统一的观念，这种想法似乎是合情合理的，这套观念可被用于证明或批评个人

---

① ［德］雅思贝尔斯：《哲学终结了吗？——与 W. 霍希克佩尔谈哲学的未来》，梦海译，《世界哲学》2003 年第 5 期。

② ［美］罗蒂：《哲学和自然之境》，李幼蒸译，上海三联书店 1987 年版，第 15 页。

行为和生活以及社会习俗和制度，还可为人们提供一个进行个人道德思考和社会政治思考的框架。'哲学'（'爱智'）就是希腊人赋予这样一套映现现实结构的观念的名称。"① 毋庸置疑，罗蒂对于传统哲学的概括还是很准确的。西方传统哲学是一种理性生活的自觉，经验性的原则不具有天然的合理性，必须对它进行刨根问底的追问，找到指导人们生活的理性原则，并以此为规范，过一种自觉的理性生活。自古希腊时代以来的西方哲学对这种普遍性、确定性的寻求，也就是对哲学最高问题——思维和存在的关系问题的追求。但当把这种追求极端化时，就表现为哲学的一种知识论立场，即对这一问题追求的异化。这正是罗蒂所持有的一种激烈的和严厉的批判态度。他对是否存在一种称作"哲学"的自然人类活动表示怀疑，甚至认为把"哲学"置于"第一原理"的想法荒诞不经。而他这种想法的结果则是认为哲学已进入了后哲学文化，在这样一种文化中，哲学和其他学科一样，都是多元文化中的一元，将不存在任何被称作"哲学家"的人，不存在永恒的东西来指导一切，没有支配原则，没有核心，没有结构，有的只是一种被称为"文化批评"的类似的文学事业。但试问用一种非哲学方式来谈论哲学，那还能称其为哲学吗？罗蒂只看到了"实用主义"的魅力，却全盘否定了全部传统意义的哲学，一笔勾销了传统哲学对真理的追求。难道对终极基础的追求就无合理之处可言吗？对规律的寻求和对某种客观内容的肯定，纯粹的理论生活态度不正是很好的说明吗？而罗蒂等后现代主义者虽看出了当代西方哲学的"病症"，却开错了药方，并且从根本上拒绝了哲学对最高问题的追求，否定了任何人以此为目标的哲学的存在。宾克莱在其《理想的冲突》中就曾写道："相对论的时代使人想要找到他能够为之坚定地毫不含糊地献身的终极价值的希望大大破灭了。……然而我们希望也许能够为价值找到或创造出一个理论基础，这个基础对于我们每个人在我们一生的每

---

① ［美］罗蒂：《哲学和自然之境》，李幼蒸译，上海三联书店1987年版，第11页。

一天中作出必须作出的具体的价值决定，至少将提供一些指导。……我们已经看到出现了大有希望的迹象：人们又在对人的基本价值表示关切了。"①

（四）思想的移居：存在问题的海德格尔之思

一般说来，哲学家一生只关注一个问题。海德格尔所关注的那个问题仍然是西方哲学的根基——存在问题。可以说，"存在"一直是令海德格尔终生牵挂的问题。纵观整个西方哲学史，传统哲学的一个最大特点就是对绝对确定性的寻求，把某种终极物质、理念或心灵看作全部现象的始基，并不同程度地预设本体的自身存在，再通过逻辑论证的形式加以证明。逻辑成了思想的工具，思想只有按照逻辑的方式运行才被认为是合理的。但海德格尔却认为，以逻辑论证的形式去思考存在，就是把存在当成了存在者，从而遗忘了存在的意义。"'逻辑'把思了解为在自己的存在中让自己来在概念的共通内容中进行意象的存在者的意象。但深入存在本身的深思是怎样的情况，而这就是说，思存在的真理的思是怎样的情况呢？这种思才抓住了（逻各斯）的原始本质，而这种原始的本质在柏拉图与'逻辑'的创立者亚里士多德那里已经被埋没而丧失了。反对着'逻辑'来思，这意思并不是说，要为不逻辑的东西而较量身手，而只是说：要追思逻各斯及其在思的早期已经出现过的本质，只是说：这才是开始为准备进行这样的追思而努力。"② 古希腊的柏拉图和亚里士多德为其后的西方哲学奠定了一个"概念"的哲学范式，但在海德格尔看来，这并非西方哲学思想的真正源头，他主张回到前柏拉图的古希腊哲学去寻找本源，巴门尼德和赫拉克利特所代表的思想才构成了西方哲学的真正本源。从表面看来，巴门尼德主静（存在），赫拉克利特主动（逻各斯），所以总有哲学家把巴门尼德和赫拉克利特的思想对立起

---

① ［美］宾克莱：《理想的冲突——西方社会中变化着的价值观念》，马元德等译，商务印书馆1983年版，第52—53页。

② 孙周兴选编：《海德格尔选集》（上卷），上海三联书店1996年版，第391页。

来，而其后的"本体与现象""存在与变易""唯物与唯心"的对立皆源于此，海德格尔并不同意此种说法，他指出其实巴门尼德和赫拉克利特是同一回事，存在就是逻各斯，"在的意思就是出现。……在就活生生地作为出现而在"，"逻各斯，就是经常在一起的那个东西，就是集中"，"λδγos 就是经常的采集，就是在者之内在的集中，也就是在"①。逻辑不过是逻各斯的退化形态，却遮蔽了在的本真形态——存在本身不是像"存在者"那样被现成地给予，它是不可定义的、最普遍的、自明的，是本源的生成与显现。而逻辑却为"存在"套上了一层概念外壳，"存在"也就堕落为最贫乏、最不成问题的"存在者"了。正因为如此，海德格尔才抛弃了传统哲学的存在——逻辑学之路，因为在他看来，逻辑再怎样"具体"，也仍然只是某种"抽象"的"存在"，抽象使人僵化，所形成的也只是某种抽象的"存在论"，却不能唤醒"存在感"。"逻辑是学院教师的一种发明，而不是哲学家的发明"②。

在对待存在的问题上，传统概念哲学的那种系统化论证的方式是完全不适用的，存在的意义只能是纯显现的而非逻辑所推导出来的，所以我们现在思想的任务就是要放弃迄今为止的思想——存在—逻辑学，海德格尔要为西方哲学另觅出路，因为哲学走到黑格尔那里时已经完成了、终结了。在《哲学的终结和思的任务》一文中，海德格尔指出，"'终结'一词的古老意义与'位置'相同：'从此一终结到彼一终结'，意思即是从此一位置到彼一位置。哲学之终结是这样一个位置，在那里哲学历史之整体把自身聚集到它的最极端的可能性中去了。作为完成的终结意味着这种聚集"③。也许对"终结"来说更好的说法应该是"思

---

① ［德］海德格尔：《形而上学导论》，熊伟、王庆节译，商务印书馆 1996 年版，第102、129—131 页。

② 同上书，第121 页。

③ ［德］海德格尔：《面向思的事情》，陈小文、孙周兴译，商务印书馆 1999 年版，第68—69 页。

想之居所的移居"。"移居"意味着思想本身没有发生改变,海德格尔关注的仍然是形而上学的根基——存在问题,但对存在的追问已然离开了传统的意识领域,也就是说将哲学曾经置于意识之中的东西从一处移到了另一处,即发生改变的是思想的"居所",而不是思想本身。所以,海德格尔所言"思想的移居"就是指哲学离开了"意识—逻辑"领域,抵达了"此在—存在"领域。海德格尔对存在意义的追问正是通过对"此在"的生存论分析来实现的。

此在(Da-sein)这个德文词有其内部结构,Da 在德文中指具体的地点或时间,如"这里""那里""那时"等含义,sein 指存在,Da-sein 是一种存在者——"这种存在者,就是我们自己向来所是的存在者,就是除了其它可能的存在方式以外还能够对存在发问的存在者"[1]。此在作为这样一种向存在发问的存在者,它的本质在于它的"去存在",那么如何"去存在",海德格尔则挑选了生存(Existenz)这个词来称呼这种存在者的存在,生存专用于此在,也就是说,此在的存在就是生存,对存在意义的探究也正是通过此在的先天生存结构而显现的。此在不是孤零零地在此,而是依寓于世界之中,人与世界之间的关系不再是传统认识论模式下的主体和客体的关系,而是你中有我、我中有你根本分不清界限的构成域式的关系,从来就没有一个无世界的此在,也从来没有一个无此在的世界。而此在的"在世界之中存在"本质上又是与"他人"共在的。对于海德格尔来讲,此在的"在此"首先是一种"共在",不仅与世界共在,而且与他人共在。此在与世界的展开则是通过操心活动来实现的,此在的在世本质上就是操心,而在"操心"的结构整体中隐藏着"畏","畏"之所畏归根到底就是"死","死所意指的结束意味着的不是此在的存在到头,而是这一存在者的一种向终结存在"[2]。可以说,作为"Da-

---

① [德]海德格尔:《存在与时间》,陈嘉映、王庆节合译,上海三联书店 2006 年版,第 9 页。

② 同上书,第 282 页。

sein"的"人"正是在"自己"的"有死性—有限性"中体会—思考着"sein"的意义。Dasein 的"向死而存在"是一个"有限"的过程,在此意义上讲"sein"的问题就同样不是一个绝对永恒意义上的"无限"问题,而是一个时间性的问题,由此海德格尔就把时间引入了形而上学,使传统哲学意义上的存在观念发生了巨大变化,他用自己的"存在—时间"修正了传统的"存在—逻辑学"。这里,海德格尔要表明的是人的本性问题就是个存在论的问题,而"存在"的问题也就是对存在发问的存在者的生存的问题。

第二节　辩证法与逻辑学的合流

认识到思维自身的本性即是辩证法,认识到思维作为理智必陷于矛盾、必自己否定其自身这一根本见解,构成逻辑学上一个主要的课题。①

——黑格尔《小逻辑》导言

辩证法,作为逻辑的一个特殊部门以及从它的目的和立场来看,可以说,它是完全被误解了,因此它有了一个完全不同的地位。②

——黑格尔《逻辑学》上卷

一　辩证法的开端

时至今日,对于辩证法思想的研究,仍然是一个经久不衰的主题,这可能渊源于黑格尔、马克思对于辩证法的高扬。事实上辩证法也是有其思想渊源的,早在古希腊时期就已经蕴含辩证法思想的萌芽了。被亚里士多德称作"辩证法的奠基者"的芝诺最早提出了关于

---

① 〔德〕黑格尔:《小逻辑》,贺麟译,商务印书馆 1980 年版,第 51 页。
② 〔德〕黑格尔:《逻辑学》(上卷),杨一之译,商务印书馆 1966 年版,第 38 页。

运动的内在矛盾问题。芝诺认为思想的运动是根本不可能的，因为承认运动，必然导致承认矛盾，他为了进一步论证巴门尼德的"存在是一，一是不动的"观点，提出了对运动的四种反驳，即著名的"芝诺悖论"："飞矢不动""二分法""阿基利斯追不上龟""二分之一等于二倍"。

随着古希腊民主制的兴盛，智者学派应运而生，"话语"具有了压倒其他一切的力量。① 智者们主要是向人们讲授政治活动中的论辩术、修辞学。从某种意义上讲，苏格拉底也算是一个智者，但他又与智者有所不同。智者通常认为一个人对一件事情怎么看，这件事就是怎么样，个人的意见就是评判的标准，如普罗塔格拉"人是万物的尺度"，但苏格拉底并不认为个人的意见是真的，他追求的是普遍的东西，那么，如何获得这种普遍的真呢？苏格拉底提出一些人们感兴趣的话题来与别人讨论，他总是谦虚地自认自己很无知，来引导别人说话，一问一答的对话，对同一问题形成了正面和反面两种观点，通过双方的辩论、争辩来获得普遍性的真理。这种凭借谈话、对话进行讨论和论证的苏格拉底方法即辩证法的最初形式，这种问答式的"对话体"形式可以说表现了古希腊辩证法的精髓，"辩证法，顾名思义，起初是指论辩的艺术，后来成为以问答方式发展科学知识的艺术，最后成了从概念上把握那存在者的艺术"②。

柏拉图在此基础上大大地推进了这种方法，从对谈话的个别的感性认识，上升到普遍的理性认识。所以黑格尔才会说："辩证法在哲学上并不是什么新的东西。在古代，柏拉图被称为辩证法的发明者。就其指在柏拉图哲学中，辩证法第一次以自由的科学的形式，亦即以客观的形式出现而言，这话的确是对的。"③ 苏格拉底的辩证法虽然

---

① 这里的话语不再是宗教仪式中的警句格言，而是针锋相对的讨论、争论和辩论。

② ［德］E. 策勒尔：《古希腊哲学史纲》，翁绍军译，山东人民出版社1992年版，第139页。

③ ［德］黑格尔：《小逻辑》，贺麟译，商务印书馆1980年版，第178页。

激发了青年追求知识的欲望，但他并没有给人一个一致的结论——真理本身到底是什么？柏拉图则不同，他不但继承了苏格拉底的"对话"辩证法，而且还把它看作认识真理的方法。柏拉图首先区分了意见和真理，并把哲学指向了另一个世界——理智的、超感性的理念世界。辩证法是认识理念的重要手段，"当一个人企图靠辩证法通过推理而不管感官的知觉，以求达到每一事物的本质，并且一直坚持到靠思想本身理解到善者的本质时，他就达到了可理知事物的顶峰了"①。在柏拉图看来，作为把握理念的辩证法是一种假设法或二律背反：假设论证某种东西的正确性时，先提出若干种可能性，接着就这种假设本身以及各种假设彼此之间的联系进行推理，看是否存在矛盾，如果存在，就抛弃这种假设，否则就作为一种正确的结论接受下来。在柏拉图哲学中，辩证法与理念论是密不可分的，策勒尔甚至把柏拉图的辩证法与其理念论等同起来，使用了"辩证法，或理念论"这种表达方式。而在柏拉图的后期著作中，他提出通种论，论述哲学范畴的结合和分离，此时的辩证法更进一步是指通过分析普遍哲学范畴的联系以求建立哲学范畴系统的方法。可以说，柏拉图把辩证法置于一切科学之上，"辩证法像墙头石一样，被放在我们教育体制的最上头，再不能有任何别的学习科目放在它的上面是正确的了，而我们的学习课程到辩证法也就完成了"②？辩证法就是柏拉图的"哲学"。这点可能和现代的看法不同，现代哲学是倾向于把它们区别开来的，即把逻辑或方法论和形而上学（本体论）区别开来。但柏拉图没有这样区分，他认为，辩证法对于哲学来讲，并不是一门预备性的学科，或者在进行哲学思考时，可以或不可以选择来使用的一种工具，而就是哲学本身。对本源的真正寻求，只有从它的方法论方面来考虑，与此同时，这种方法也只有在这种对本源绝对确定性的寻求中才会出现，同

---

① 柏拉图：《理想国》，郭斌和、张竹明译，商务印书馆1986年版，第301页。
② 同上书，第305页。

时这种寻求也只有凭借这种方法。也就是说,在柏拉图那里,作为逻辑或方法论的辩证法是和作为本体论、认识论的理念论统一在一起的。

二 辩证法与形式逻辑的"合"

古希腊哲学的集大成者亚里士多德开始把辩证法与逻辑学联系起来,这对于辩证法的理解则"有较大意义的更新"①。亚里士多德师承于柏拉图,起初他承认柏拉图意义上的"辩证法"是达到真理的重要工具,认为辩证法的本性就是考察,内含有通向一切探索方法的本原之路。"它的作用有三:关于智力训练,关于交往会谈,关于哲学知识"②。但也正是在这一论篇中,亚里士多德意识到要达到真理,光运用辩证法是不够的,应赋予其新的内容,由此他提出了逻辑分析方法的"三段论"——"三段论是一种论证(logos),其中只要确定某些论断、某些异于它们的事物便可以必然地从如此确定的论断中推出。所谓'如此确定的论断',我的意思是指结论通过它们而得出的东西,就是说,不需要其他任何词项就可以得出必然的结论"③。一个三段论就是一个包括大前提、小前提和结论三个部分的论证。最为人所熟知的例子就是:"凡人都有死(大前提),苏格拉底是人(小前提),所以:苏格拉底有死(结论)";又如:凡人都有理性,有些动物是人,所以有些动物是有理性的(全称肯定)。亚里士多德认为,一切演绎的推论如果加以严格地叙述便都是三段论式的,把所有各种有效的三段论都摆出来,并且把提出来的任何论证都化为三段论的形式,这样就应该避免一切的谬误了。因此,亚里士多德指出,苏

---

① 更确切地说,亚里士多德奠定了欧洲哲学思维的另一大传统——形式分析的逻辑,亚里士多德的辩证法就是这种语义分析的逻辑,辩证法与形式逻辑是相混的。

② 苗力田主编:《亚里士多德全集》(第一卷),中国人民大学出版社1990年版,第355页。

③ 同上书,第84—85页。

格拉底和柏拉图的辩证法承认对立命题，但这种对立常常使双方陷入无穷无尽的争论中，对于"存在"的确定、可靠的知识，辩证法就显得相对有些被动和消极，而逻辑分析的"三段论"则要求思维的一贯性和必然性，不承认矛盾命题的逻辑合理性。在亚里士多德看来，存在于苏格拉底、柏拉图"思想"中的"理念（真、善、美）只有变为各种逻辑'范畴'（质、量、模态、关系、时空……）"才可以掌握"存在之存在"的真理，此时亚里士多德意义上的辩证法已经不再是原初意义上的"对话"，而是语意分析的形式逻辑法。在某种意义上也可以说亚里士多德用"语意分析的逻辑"，即形式逻辑取代了辩证法，或者说亚里士多德意义上的辩证法就是形式逻辑，二者是混在一起的，这也是他沿着柏拉图寻求绝对的终极真理所进一步发展的必然结果。

三　传统形式逻辑之弊

自亚里士多德以来，可以说，辩证法一直与形式逻辑相混在一起，并且直至中世纪不曾有任何的进展甚至是有些被人遗忘了，重新发现辩证法的则是近代的大哲学家康德。康德在"一般逻辑"这一概念下，划分出两种不同意图的逻辑，"要么是作为普遍的知性应用的逻辑，要么是作为特殊的知性应用的逻辑。前者称为要素的逻辑，把后者称为这门或那门科学的工具论。在普遍的逻辑中又可划分出两种：要么是纯粹的逻辑，要么是应用的逻辑"①。在纯粹逻辑中，它抽掉了知性在现实生活中的所有经验性条件，如记忆的规律、感官的影响、习惯的力量等，以保持自身的普遍必然性，"所以，一种普遍的、但又纯粹的逻辑只与先天的原则打交道，它是知性的法规，亦是理性的法规，但只是就其运用的形式因素而言，内容则不管它是什么

---

①　参见［德］康德《纯粹理性批判》，李秋零译，中国人民大学出版社 2004 年版，第 84 页。

样的（是经验性的还是先验的）"①。至于应用的逻辑，它既不是一般知性的法规，也不是工具论，而仅仅是通常知性的一种净化术。上述划分可用表格显示如下：

　　一般逻辑：1. 普遍逻辑：①纯粹的（无经验内容）

　　　　　　　　　　　　　②应用的（涉及经验条件，知性的一

　　　　　　　　　　　　　　种净化术）

　　　　　　　2. 特殊逻辑（经验科学的工具论）

　　康德认为，在普遍逻辑中，纯粹的逻辑和应用的逻辑应该分离开来，康德着重考察的是纯粹的普遍逻辑，也就是传统的形式逻辑，只有它才是科学，才属于纯粹理性的学说，因为它是纯粹的，独立于感性和任何经验内容的，不涉及心理学，具有先天的普遍必然性。这样一种纯粹的逻辑有两个主要的特点：

　　"1. 作为普遍的逻辑，它抽掉了知性知识的一切内容及其对象的不同，仅仅与思维的形式打交道"②。

　　"2. 作为纯粹的逻辑，它不具有经验性的原则，从而它不（像人们有时说服自己的那样）从心理学汲取任何东西，因而心理学对于知性的法规没有任何影响。它是一种经过证明的学说，在它里面一切都必须是完全先天地确定的"③。纯粹的普遍逻辑才是真正具有普遍必然性的先天科学。

　　从上面康德对逻辑的划分，可以看出康德对传统形式逻辑是非常重视的。在西方被称为"逻辑之父"的亚里士多德，全面系统地研究了逻辑思维问题，创立了西方逻辑史上第一个逻辑科学的类型，可以说传统形式逻辑的内容基本上是被亚里士多德规定下来的。有一点是非常明确的，就是康德承认形式逻辑作为一切思维方法是不可或缺

---

① 参见［德］康德《纯粹理性批判》，李秋零译，中国人民大学出版社2004年版，第84页。

② ［德］康德：《纯粹理性批判》，李秋零译，中国人民大学出版社2004年版，第85页。

③ 同上。

的基础，它确实是纯粹理性的先天思维规律和原理，它对于知性和理性的活动来说是先天有效的。但这里一定要涉及这样一个问题，即真理是什么？形式逻辑能否成为检验真理的标准？康德对真理的名词解释，"即真理是知识与其对象的一致。……但是人们要求知道，……一种知识如果与它所关联的对象不一致，那么，即使它包含着某种可能适用于其他对象的东西，它也是错误的"①。在康德看来，"一种陈述知性的普遍必然规则的逻辑，也必须在这些规则中阐述真理的标准"②。形式逻辑抽掉了知识的一切内容，它仅仅涉及真理的形式，即一般思维的形式，就此而言是完全正确的，但它并不是真理的充分条件，因为尽管一种知识可能完全符合逻辑形式，也就是说，不与自己本身相矛盾，但它毕竟始终可能与对象相矛盾。因此，就真理的纯逻辑标准，形式逻辑"虽然是一切真理的 conditio sine qua non［必要条件］，从而是消极条件，但逻辑却不能走得更远，逻辑不能凭借任何试金石来揭示不涉及形式、而是涉及内容的错误"③。换句话说，形式上合乎法规（不自相矛盾）的知识仍有可能与其对象、内容相矛盾而不成其为真理。

康德认为，形式逻辑的弊病究其实质并非源于形式逻辑本身的自在内容，而是源于人们对形式逻辑的误用，它本身的不足已证明它只能成为真理的必要条件而非充分条件，但人们非要把它当成发现真理的逻辑。这种对形式逻辑的误用，使一些有识之士对形式逻辑是否能充当发现真理的工具产生了质疑，并试图去探求新的方法。笛卡儿就曾说过："三段论以及大部分其他的逻辑规条都只能用来向别人说明已知的事物……其中却也混杂着很多别的或者有害或者多余的东

---

① ［德］康德：《纯粹理性批判》，李秋零译，中国人民大学出版社2004年版，第87—88页。
② 同上书，第88页。
③ 同上。

西"①。培根也认为传统的形式逻辑起到了"谬种流传"的作用。针对这种不满，他们都试图建立一种切近人的真实认识活动的有内容的逻辑，培根的"归纳法"和笛卡儿的"演绎法"都是这样的尝试，虽然在某种程度上说他们的努力触及了思维的内容，但从总体上看仍然没有从思维原理上另辟道路，来找到一种可以表达思维发现真理的新逻辑，他们的逻辑仍然带有强烈的形式化倾向。

四　康德先验逻辑建立的理论任务

康德重新对形式逻辑进行定位，肯定它是获取真理不可缺少的必要条件，又指出它的有限性和不足，认为要克服这些缺陷，一是要限制形式逻辑的误用，二是有必要建立一门新型的逻辑学，使逻辑的形式和经验的内容结合起来。"由于期望也许会有一些概念，它们能够先天地与对象发生关系，不是纯粹的或者感性的直观，而仅仅是纯思维的行动……所以我们预先为自己形成了一门纯粹知性和理性知识之科学的理念，用来完全先天地思维对象。这样一门规定这样一些知识的起源、范围和客观有效性的科学，就会必须叫做先验逻辑"②。由此说来，完全与对象相关的纯粹知性和理性知识，就是这门新建立的先验逻辑科学的研究对象，康德强调：只要有这些与对象先天相关的纯概念，就必定会有一门叫作"先验逻辑"的科学，先验逻辑作为一门科学的任务就是要确定这些先天与对象有关的知识的起源、范围和客观有效性。只有在纯知识与对象先天地相关联的范围内来研究纯思维的规律和形式，即"它仅仅与知性和理性的规律打交道，但只是就它们先天地与对象相关而言"③，才能表现出与形式逻辑的不同，"不像普遍的逻辑不加区别地既与经验性的理性知识也与纯粹的理性

---

① 北京大学哲学系外国哲学史教研室编译：《西方哲学原著选读》（上卷），商务印书馆1981年版，第363—364页。

② ［德］康德：《纯粹理性批判》，李秋零译，中国人民大学出版社2004年版，第87页。

③ 同上。

知识相关"①。康德建立的先验逻辑也是试图摆脱形式逻辑有关思维原创活动这一局限性的真谬逻辑，它是研究有关对象的纯思维规律的学问，正如康德所说："但如今……就会有一种人们不抽掉知识的所有内容的逻辑；因为仅仅包含一个对象的纯思维的规则的那种逻辑，将会排斥一切具有经验性内容的知识。它还将涉及我们关于对象的知识的起源……"② 在此，康德认为先验逻辑不考虑知识或判断的经验内容，但却要包含纯思维的规则，而纯思维的规则，就是判断和知识的纯内容，也就是知识和判断形式的认识论内容。换句话说，康德把逻辑提升到"先验的"层次上，在某种程度上摆脱了传统逻辑的形式主义立场而转移到认识论上，实现了自亚里士多德以来，逻辑和认识论的第一次真正融合。这在逻辑发展史上是一个了不起的革命，也正是在这个意义上，康德认为他的哲学起到了为一切科学知识奠基的作用。

（一）康德的先验逻辑与形式逻辑的差异

康德创造了一种迥然不同于形式逻辑的先验逻辑，二者的不同，主要表现在以下方面：

1. 形式逻辑不研究具体命题及其内容，而只研究命题形式，而且特别注重由命题形式组成的正确推理形式。先验逻辑同形式逻辑一样不研究判断的经验内容，但先验逻辑又不同于形式逻辑，它要研究判断形式的纯内容或先天知识，这是两种逻辑中最根本的区别。形式逻辑的逻辑原理对于任何一个命题都是普遍适用的，不管命题的内容是真是假，只要在形式上不矛盾，就会得到这种逻辑的认可（例如，银山是银的、公鸡能下蛋逻辑上完全正确），而康德的先验逻辑是"一种人们不抽掉知识的所有内容的逻辑……将会排斥一切具有经验性内容的知识……"③ 这种逻辑涉及内容，但只涉及先天可确定的内

---

① ［德］康德：《纯粹理性批判》，李秋零译，中国人民大学出版社 2004 年版，第 87 页。
② 同上书，第 86 页。
③ 同上。

容，而排斥经验性的内容。梁志学先生就向我们指出："康德要建立的先验逻辑虽然也像传统逻辑一样，不研究知识的经验内容，但与传统逻辑根本不同，不是撇开知识的全部内容，而是要研究知识的先验内容，规定知识的来源、范围和客观有效性"[①]。郑昕也曾说："康德所提出的先验逻辑主要的意思，是要将逻辑用到对象，用到经验，用到自然界，使逻辑有内容。"这一"内容"又不是经验知识的内容，而是纯粹理性的先天知识。这就把逻辑的问题转到了认识论上，从而带来了先验逻辑与形式逻辑的另一个重要的区别。

2. 康德从认识论的立场来建立先验逻辑，那么，它就不能不研究认识论的一个基本问题，即"关于对象的先天知识从何而来"的问题，所以先验逻辑"还将涉及我们关于对象的知识的起源，只是这种起源不能被归于对象，而与此相反，普遍的逻辑根本不考虑知识的这种起源，而是仅仅按照知性在思维时在相对关系中使用表象所遵循的规律来考察表象，不管它们是原初先天地在我们里面的，还是仅仅经验性地被给予的，所以，它仅仅探讨可以为表象找到的知性形式，不管这些表象通常来自于何方"[②]。形式逻辑只研究思维的形式，即表象、概念等相互联结的方式，而不管这些表象、概念的来源和发生，它一视同仁地和一切知识打交道。邓晓芒就曾说过："康德的先验逻辑是一种与形式逻辑不同的特种的逻辑，它不是一种单纯的正确思维的主观形式或技巧，是我们的认识要获得有关经验对象的真理性的知识所必须遵守的法则，同时也是现象要成为我们所认识的客观对象所必须遵守的法则，因而它是认识论，同时也是建立在认识论上的'本体论'（存在论）"[③]。

3. 康德认为，"普遍的逻辑抽掉了知识的一切内容，也就是说，

① 梁志学：《略论先验逻辑到思辨逻辑的发展》，《云南大学学报》（社会科学版）2004 年第 4 期。
② ［德］康德：《纯粹理性批判》，李秋零译，中国人民大学出版社 2004 年版，第 86 页。
③ 邓晓芒：《康德先验逻辑对形式逻辑的奠基》，《江苏社会科学》2004 年第 6 期。

抽掉了知识与客体的一切关系，仅仅在知识的相互关系中考察逻辑形式，即一般的思维形式"①。因此，它只能是思维的分析论证活动的基本规律和原理，它要证明和研究的是先天分析命题，只能对现有的知识进行澄清和解释，而不能增加现有的知识，先验逻辑则要研究和说明先天综合判断之可能性条件，它致力于不断扩展人类现有知识而制定的一套先天原理。

（二）先验逻辑与形式逻辑的内在关联

康德虽然批评形式逻辑缺乏认识论方面的内容和联系，但他从没否认过形式逻辑的科学性。康德对亚里士多德逻辑的严谨性的称赞，也是众所周知的。康德的先验逻辑也是建立在传统逻辑的基础上的，二者除了有所差异，也是有内在的关联的。"在康德的《纯粹理性批判》一书中，有一个体系构造上的显著特点，就是他处处都以传统形式逻辑的要求为线索、为构造的形式标准，以符合当时人们所认为的'严密科学'的格式"②。我们将从二者的异同中看到二者的内在关联。

形式逻辑自亚里士多德以来就被区分为分析论和辩证论，亚里士多德在其《分析前篇》和《分析后篇》中认真讨论过"分析论"。认为它是指那些按照必然的推理形式（如三段论式）从已知的真实命题出发而得出必然真实的结论的形式规则。"在这里，大前提的真实性是给予的，因此也是分析推论本身不予考虑的，它的任务不是要确定内容是否真实，而仅在于从思维形式上确定其规则是否正确有效，以保证在大前提真实的条件下能得出真实的结论。"③ "辩证论"，亚里士多德主要是在《正位篇》和《论智者的辩驳》中探讨过，是关于辩证法的理论。

我们再来看看《纯粹理性批判》的结构图，主要是先验逻辑部分：

---

① ［德］康德：《纯粹理性批判》，李秋零译，中国人民大学出版社 2004 年版，第 86 页。
② 杨祖陶、邓晓芒：《康德〈纯粹理性批判〉指要》，人民出版社 2001 年版，第 106 页。
③ 同上。

纯粹理性批判：

1. 先验要素论(1) 先验感性论（相当于感性知识）

(2) 先验逻辑：①先验分析论：Ⅰ概念分析论

（相当于理性知识）（相当于形式逻辑的概念）

Ⅱ原理分析论

（相当于形式逻辑的判断）

②先验辩证论：关于灵魂

（相当于形式逻辑的推论）关于世界

关于上帝

2. 先验方法论

由图可以看出，先验逻辑部分以形式逻辑为间架，也分为分析论和辩证论。康德认为，"在一种先验逻辑中，我们把知性孤立起来（就像我们在上面先验感性论中把感性孤立起来一样），从我们的知识中只突出思维仅仅在知性中有其起源的部分"①。但与形式逻辑不同，这些成分不是抽象形式的，是有其条件依据的："它可以应用其上的对象是在直观中被给予我们的。"② 于是，"陈述纯粹知性知识的各种要素和在任何地方要能够思维对象就不可或缺的原则的部分，就是先验分析论"③。先验分析论又分为"概念"的分析和"原理"的分析。后者研究的是判断的法规。这样，先验分析论就分为"概念"和"判断"两个层次，它们是真理的逻辑。"因为没有一种知识能够与这种逻辑相矛盾，却不同时丧失一切内容，也就是说，丧失与某一客体的一切关系，从而丧失一切真理的。"④

在先验辩证论中，主要任务是通过理性寻求知性知识的最高统一，并且防止陷入先验幻相。康德认为，"由于单独地、甚至超出经

---

① ［德］康德：《纯粹理性批判》，李秋零译，中国人民大学出版社 2004 年版，第 90 页。
② 同上。
③ 同上。
④ 同上。

验的界限利用这些纯粹的知性知识和原理是非常诱人和引人入胜的……知性就陷入了一种危险，……凭借纯粹知性就敢于对一般对象综合地作出判断、断定和裁决，它就被误用了"①。可见，先验逻辑和形式逻辑一样，一旦超出自身范围，就会陷入辩证的幻相。但是，真理的逻辑和幻相的逻辑并不是两类逻辑，而是遵循着同一先验原理的同一类逻辑的正反两个方面。

通过分析康德对先验逻辑的划分，可以看出传统形式逻辑在任何地方都是建立先验逻辑的基础，而康德对先验逻辑的理解虽然超出形式逻辑的辩证萌芽，但基本上还是立于形式逻辑的"知性"水平之上的。邓晓芒就曾指出"康德并不认为他对形式逻辑的改造违背了形式逻辑的基本精神，而是认为他把握到了形式逻辑的本质规律，这种本质规律是他通过先验逻辑发现的，所以先验逻辑只不过是对形式逻辑的奠基"②。周礼全在其书中也指出，"以矛盾律为基础的形式逻辑能应用于任何的思想领域，而先验逻辑只能应用于先天综合的知识领域。康德认为，先验逻辑不能代替形式逻辑，而只是形式逻辑的一个补充或扩展"③。这似乎可以解读为先验逻辑较之传统形式逻辑具有更加广阔的有效性范围，但这种可能也使先验逻辑不能像形式逻辑那样具有普遍的意义。例如，矛盾律是任何真理的必要条件，先验逻辑就不能提供这种必然的、一般的条件，因为它的原则是特殊的和关涉对象的。可以说，两种逻辑虽然有差异，但也是有更深层的内在关联的。

（三）辩证法作为"幻相的逻辑"

在康德哲学中，辩证法就是"先验幻相"的逻辑，"我们在上面曾经把一般辩证法称为幻相的逻辑"④。那么，什么是"幻相的逻辑"呢？这要从康德的批判哲学说起，康德所关注的问题可以概括为科

---

① ［德］康德：《纯粹理性批判》，李秋零译，中国人民大学出版社 2004 年版，第 90 页。
② 邓晓芒：《康德先验逻辑对形式逻辑的奠基》，《江苏社会科学》2004 年第 6 期。
③ 周礼全：《黑格尔的辩证逻辑》，中国社会科学出版社 1989 年版，第 11 页。
④ ［德］康德：《纯粹理性批判》，李秋零译，中国人民大学出版社 2004 年版，第 271 页。

学、自由和形而上学三个方面。当时西欧的两大哲学派系，以莱布尼兹—沃尔夫为代表的唯理论和以洛克—休谟为代表的经验论在解释科学知识的普遍必然性问题上因各执一端而陷入了困境。如何为科学奠基成了康德解决的首要问题，康德深知在唯理论站不住脚的地方，也绝不能到经验论中去找出路。因此，康德走上了一条完全不同于两者的先验的道路，不是我们的知识必须符合对象，而是我们的对象必须依照知识。人的认识活动是主体通过先天认识能力去整理后天的经验材料的结果，从而形成了具有普遍性和必然性的科学知识，这就是被称为"哥白尼式的革命"的康德哲学革命。它以先验的方式重新为科学奠基，但依据这一原理对人的理性认识能力进行批判考察得出的结论却是消极的，即"人的认识能力是有限的"[1]，只能认识现象，而不能达到物自身，一旦僭越，即用知性范畴去把握理性概念（上帝、自由、意志等形而上学问题），就会产生谬误和矛盾，这就是所谓的"先验幻相"。

这种认识进程中的辩证法，具体地体现在宇宙论的四个"二律背反"中，二律背反可以说是康德哲学的中心问题之一，康德在自己手稿的一个片段中曾经写道："我试图认真地证明一些原理和与它们相对立的原理，但不是为了建立怀疑论，而是为了揭示理智这时所陷入的幻相的根源。1769 年给我带来了巨大的光明"[2]。康德在给友人的一封信中也强调了二律背反学说对自己批判理性的决定意义："我的出发点不是对上帝存在、灵魂不朽等等的研究，而是纯粹理性的二律背反……正是这个二律背反，把我从独断论的迷梦中唤醒，使我转到对理性本身的批判上来，以便消除理性似乎与它自身矛盾这种怪事"[3]。康德指出，在论证关于世界的开端、组成、自由因和存在规

---

[1]　苏格拉底的"认识你自己"在康德哲学中变相地得到了复兴。

[2]　转引自《国外康德哲学新论》，周贵莲、丁冬红编译，求实出版社 1990 年版，第298 页。

[3]　转引自杨祖陶、邓晓芒《康德〈纯粹理性批判〉指要》，人民出版社 2001 年版，第 9 页。

律的问题上，存在着一个正题和一个反题，康德通过反证法证明了完全相反的论题都能够论证成立，从而使认识陷入了严重的矛盾中，这就是幻相，幻相就是二律背反，就是矛盾。而康德认为这种"幻相"又是不可避免的，因为人天生就是形而上学的动物，人类理性的本性就是要穷根问底，去探求一切存在物的最后根据，几千年来对于形而上学的研究尽管没有取得一个令人满意的结果，但人们还是去研究它，这就是个明证。因此，康德指出："因为我们所涉及的是一种自然的和不可避免的幻觉，它本身基于主观的原理，并把主观的原理偷换成客观的原理……因此，纯粹理性有一种自然的和不可避免的辩证法，它不是一个外行由于缺乏知识本身而陷入的辩证法，或者某个诡辩家为了迷惑有理性的人们而人为地编造出来的辩证法，而是不可阻挡地附着于人类理性的辩证法……"① 康德的辩证法向我们揭示了理性一旦进入形而上学领域，就会陷入自相矛盾的境地。而且在康德看来，差别矛盾是"死亡"的因素，这是绝对不能容许的。那么，解决的办法是什么呢？康德说："先验唯心论是解决宇宙论辩证法的钥匙"②。康德区分了现象和物自体，并且在二者之间划了一道不可逾越的鸿沟。现象呈现在我们的经验和直观中，是我们认识的对象，通过我们的先天认识能力对它有所知晓，从而获得普遍必然的知识。而物自体是现象的基础，通过它的刺激我们才能够获得现象的表象材料，它本身并不呈现在经验和直观中，我们对它一无所知，也不是我们认识的对象，正如康德所言"我们不能凭借这种能力超越可能经验的界限……知识只涉及显象，而事物自身与此相反虽然就其自身而言是现实的，但却不能为我们所认识。因为必然地推动我们超越经验和一切显象之界限的东西，就是理性在物自身中必然地并且完全有理由为一切有条件者要求的、从而条件的序列作为已经完成了的而要求的

---

① ［德］康德：《纯粹理性批判》，李秋零译，中国人民大学出版社 2004 年版，第 274 页。
② 同上书，第 406 页。

无条件者"①。

最后，康德把理性追求的无限、自由等形而上学问题推向了应然的道德实践领域。康德虽然限制了知识，却为信仰留下了地盘。哲学不是理论性的，而是实践性的。可以看出，比起古希腊苏格拉底、柏拉图，辩证法作为追求真理的逻辑的积极意义来讲，康德的辩证法作为"幻相的逻辑"是消极的、被动的。但康德虽然是从消极的意义上看待辩证法的，却也仍然是重拾了几近被人遗忘的辩证法并且使它重新回复光荣的地位。

五　黑格尔"概念的旋舞"——思辨逻辑与体验

康德对形式逻辑是持肯定态度的，虽然康德揭示了传统逻辑的主观性和抽象性，并提出一种新的逻辑——先验逻辑试图进行改造，但康德的先验逻辑并没有违背形式逻辑的基本精神，也可以说他的先验逻辑是对形式逻辑的一个补充或扩展。对形式逻辑的看法，黑格尔不同于康德，他把包括康德先验逻辑在内的形式逻辑贬低为知性逻辑。因为黑格尔认为逻辑已然成了解释思想并为思想开列法则的异化物；成了没有生命的思维的工具论和冷冰冰的形式法则。

古希腊的柏拉图和亚里士多德为其后的西方哲学奠定了一个"概念"的哲学范式，但在海德格尔看来，这并非西方哲学思想的真正源头，他主张回到前柏拉图的古希腊哲学去寻找本源，巴门尼德的"存在"和赫拉克利特的"逻各斯"所代表的思想才构成了西方哲学的真正本源，逻辑（logic）源于逻各斯（logos），是逻各斯之学，换句话说，先有logos，后演变成逻辑，这样，逻各斯就是逻辑最早的、最本真的意义。逻各斯的原意是谈话、交谈，那么逻辑应该就是如何谈话的学问，在希腊早期主要指修辞学、论辩术之类的学问，说逻辑源

---

① ［德］康德：《纯粹理性批判》，李秋零译，中国人民大学出版社2004年版，第17—18页。

于语言学是准确的，但它尚有多重的意义，这些意义表明了它是与活动、生命、直觉联系在一起的。在古希腊思想中，赫拉克利特首先提出了逻各斯，关于逻各斯的含义归纳起来主要有：谈话、思想、尺度、规则、理性、定义、规律、公式等。在赫拉克利特那里逻各斯的原意还没有那么多，主要用意是指尺度，但并不是人们用以去衡量事物的意义，而是表明万物之始基——"火"燃烧的"分寸"，"逻各斯"和"火"并未分离，而是变成一种独立的宰制者和抽象的逻辑之物，黑格尔正是看到了这一点，所以指出逻各斯的逻辑原则"并不停留在概念的说明，即纯粹逻辑的说明"①。它采取了直观或直觉的形式，就是以作为直观的时间过程——火的变化过程来形象地说明逻各斯的辩证原理，这可以说是一种直观中的逻辑。逻各斯之为变易的逻辑原理只有在时间直觉的过程中才能呈现，黑格尔将赫拉克利特的"变易原则"作为其逻辑学第一个具体的思想范畴就表明了黑格尔的辩证逻辑并非形式的法则，而是包含体验、直观在内的，这也是黑格尔的逻辑与传统逻辑的重要区别。海德格尔也表达过相同的含义，"逻各斯，就是经常在一起的这个东西，就是集中"，"λóγο ς就是经常的采集，就是在者之内在的集中，也就是在"②。所谓采集，不是单纯地堆凑在一起，而是一种在其中的互相排斥者协调统一的状态，逻辑不过是逻各斯的退化形态，却遮蔽了在的本真形态——存在本身不是像"存在者"那样被现成地给予，它是不可定义的、最普遍的、自明的，是本源的生成与显现。在这一点上，海德格尔和黑格尔哲学的观点是保持一致的，但他们却选择了不同的道路：逻辑的和非逻辑的。

　　我们看到，黑格尔的思辨逻辑在原初上就与知性逻辑不同，"思

---

　　①　[德]黑格尔：《哲学史讲演录》（第一卷），贺麟、王太庆译，商务印书馆1959年版，第303页。

　　②　[德]海德格尔：《形而上学导论》，熊伟、王庆节译，商务印书馆1996年版，第129—131页。

辨逻辑内即包含有单纯的知性逻辑，而且从前者即可抽得出后者。我们只消把思辨逻辑中辩证法的和理性的成分排除掉，就可以得到知性逻辑"①。正是"思辨逻辑中辩证法的和理性的成分"才使概念有了"自由的、自己运动"的本性，更重要的是，黑格尔的辩证逻辑不同于知性逻辑，也在于它包含有直觉和体验的成分，它不是形式逻辑的外在推理，而是人对自己头脑中所形成的概念与概念之间运动关系的直接体验，它是靠这种体验来把握事物的本质和一般规律的。黑格尔没有新创一套概念符号体系来取代形式逻辑，他给自己制定的任务是如何使这些"完全现成的、牢固的，甚至可以说是僵化的材料"自己"流动""燃烧"起来，黑格尔不是从外面取"火种"，而是让其自身"摩擦生热"，使其自己释放出内部固有的热能。在这个意义上，也可以说黑格尔的辩证逻辑是直觉和逻辑的统一。其实早在黑格尔的《精神现象学》中，海德格尔就看到了黑格尔"思辨的秘密"，他抓出了黑格尔哲学一个关键性的词——"经验"，把它看作一种存在意义上的"体验"，"所以，经验乃是伸展着和通达着的达到。经验乃是一种在场方式，也即一种存在方式"②。海德格尔抓住了经验，也就抓住了黑格尔现象学的特点，黑格尔在唯心主义的基础上改造了经验概念，使它与整个人类精神文化的历史结合了起来，所以现象学作为意识的经验的科学就是一种经历，它揭示了意识的形成和发展。

此外，逻辑学的开端和终点也明显表现出了黑格尔辩证逻辑中包含的直觉和体验原则。逻辑学的开端是"纯存在"，它首先是一种没有任何逻辑前提的"直接性"，即在直观中的直接呈现，整个逻辑学的概念构造，都可以看作纯存在自身的进一步分化和发展。但"纯存在"作为"直接性"同时又将否定性包含在自身内，即走出自身、分化自身，分化出其他各种概念规定。整个的逻辑学系统

---

① 〔德〕黑格尔:《小逻辑》，贺麟译，商务印书馆1980年版，第182页。
② 〔德〕海德格尔:《林中路》，孙周兴译，上海译文出版社2004年版，第198页。

都可看作"纯存在"的自身展开。这样，开端就既是一种直接性和直观，又具有构造范畴概念的中介性——否定性，由此发展为各种规定。可以说整个逻辑学就是以直觉为开端的，而作为逻辑学终点的"绝对理念"在经过了存在、本质到概念诸逻辑环节之后而达到了更高的直接性，就是说在更高的环节上返回了原初的直接性，它不是从前面的逻辑环节推论出来的东西，因为它"没有过渡""没有前提"，是一种直接透明性。它自己"直观它的内容作为它的自身"，是一种直觉、体验的境界，但这种境界不是抽象的，是包含此前逻辑发展的全部丰富内容的。从"纯存在"到"绝对理念"的存在，就是这样一个从潜在到现实的过程。"绝对理念"就是完全展开了的最初的"纯存在"。纯存在开始只是潜在的因素，却包含发展为整个概念系统的构成机制，所以它是逻辑之初始环节，是"超逻辑的"，只有当它展开自身并扬弃一切差别而重建自身的时候，它才达到了真正的现实性。在这个过程中，越是在后的环节较之前面的环节越具有现实性和真理性，黑格尔称它们为在先的东西的"真理"或"本质"，即一种逻辑先在性，它是此前阶段既克服又保留自身的结果。就逻辑的终点来说，"纯存在"作为"绝对理念"扬弃地包含整个概念系统的丰富性，是任何逻辑的扬弃，因此它也是"超逻辑的"。对此，黑格尔有个生动的比喻，他说，"在这方面，绝对理念可以比做老人，老人讲的那些宗教真理，虽然小孩子也会讲，可是对于老人来说，这些宗教真理包含着他全部生活的意义。即使这小孩也懂宗教的内容，可是对他来说，在这个宗教真理之外，还存在着全部生活和整个世界"①。也有人觉得黑格尔的辩证逻辑很神秘，甚至有些胡扯的意味，那是他们不明白在黑格尔的辩证逻辑中有直觉、体验的因素在里面，这是致使逻辑不会知性化、抽象化的重要因素，用黑格尔自己的话说就是："一切理性的真理均可以同时称为神秘的，但

---

① ［德］黑格尔：《小逻辑》，贺麟译，商务印书馆1980年版，第423页。

这只是说，这种真理是超出知性范围的，但这决不是说，理性真理完全非思维所能接近和把握。"① 所以《逻辑学》中的范畴有、无、变、质、量、度、本质、现象、现实等的过渡转化，不能按一般的形式法则来推导，因为这在黑格尔看来就会把逻辑知性化，黑格尔的做法是以这些范畴作导引，列举大量日常生活的例子，让你自己去体会、去领悟。如果没有意识到这一点，只想通过外在的逻辑规则来确定黑格尔的概念，就会犯知性逻辑的错误。意思是说辩证逻辑所遵循的规则或法则不是由外部提供的，而是从它自己内部产生出来并被体验出来的，在黑格尔那里表面看起来是"体系"或"框架"的东西，实际上不过是"体验"和"悟入"的轨迹。

第三节　黑格尔的逻辑学(辩证法) 就是本体论

思想，按照这样的规定，可以叫做客观的思想，甚至那些最初在普通形式逻辑里惯于只当作被意识了的思维形式，也可以算作客观的形式。因此逻辑学便与形而上学合流了。形而上学是研究思想所把握住的事物的科学，而思想是能够表达事物的本质性的。②

——黑格尔《小逻辑》

黑格尔在《逻辑学》中曾经提到过，"在本书中，我常常考虑到康德哲学"，因为它"总是构成近代德国哲学的基础和出发点"。而关于黑格尔的逻辑学（辩证法）就是本体论的问题，我们也要追溯到康德问题③，这样才能不失偏颇地理解"辩证法为什么就是本体

---

① ［德］黑格尔：《小逻辑》，贺麟译，商务印书馆 1980 年版，第 184 页。
② 同上书，第 79 页。
③ 所谓康德问题，科学哲学的代表人物波普尔认为给科学划界的认识论问题可以称为康德问题。

论"的问题。

一 康德问题：现象和本体的区分

康德的时代，正是自然科学和实证科学快速发展而哲学作为形而上学不断衰退的年代。"其他一切科学都不停在发展，而偏偏自命为智慧的化身、人人都来求教的这门学问却老是原地踏步不前，这似乎有些不近情理"①。为了使形而上学摆脱困境而成为真正科学的形而上学，康德认为有必要对人的理性能力进行一番彻底的批判。

我们之前讲逻辑和理性规律，一般来说都是以认识的感性、理性的二分法为标准的，康德则认为认识是三分的，即感性、知性和理性。对此，黑格尔曾给予了公正的评价，"康德是最早明确地提出知性与理性的区别的人。他明确地指出：知性以有限的和有条件的事物为对象，而理性则以无限的和无条件的事物为对象。他指出只是基于经验的知性知识的有限性，并称其内容为现象，这不能不说是康德哲学之一重大成果"②。康德指出，我们的知识产生于两个基本来源，一个是接受表象的能力，即感性。感性认识是人类认识的原初阶段，也是认识的根基，人类认识只有通过感性直观才能和对象直接发生关系，才能获得认识的对象，因此，感性的职能是提供认识对象；另一个是通过这些表象认识对象的能力，即知性。知性是一种思维对象的逻辑能力，而范畴恰恰是知性这种能力的纯粹规定，知性的功能就在于运用主体固有的范畴去思维对象，也就是去综合统一感性所提供的材料。这样，对象的显现形式和主体的运思形式的一体化就产生出普遍必然性的知识及真理。所以，康德说："思想无内容则空，直观无概念则盲"③。可见康德的批判哲学延续的正是近代认识论转向后的真理观，认识的真理性因关涉"对象性"而演变为"主体不得不如

---

① [德]康德：《未来形而上学导论》，庞景仁译，商务印书馆1978年版，第4页。
② [德]黑格尔：《小逻辑》，贺麟译，商务印书馆1980年版，第126页。
③ [德]康德：《纯粹理性批判》，李秋零译，中国人民大学出版社2004年版，第83页。

此把握对象的原理"。知性思维固然有其自发的能动性，但它并不能凭借自身就产生出对象来，只有在感性的界限内对象才被给予我们。

我们通过先天范畴对感性材料的统摄而获得了普遍必然性的知识，但康德认为，思维的"先验统觉"发展到知性尚未达到最高阶段，还必须从知性上升到理性，他说"我们的一切知识都始自感官，由此达到知性，并终止于理性；在理性之上，我们没有更高的东西来加工直观的材料并将其置于思维的至上的统一之下了"①。康德这里所说的"理性"是指人心中具有的一种要求把握绝对的、无条件的知识。人们通过"感性"和"知性"所获得的知识，都是关于现象世界的东西，总是相对的、有条件的。可是，在人心中却存在着一种要把相对的、有条件的知识综合成为绝对的、无条件的知识的自然倾向，这就是理性的本性，就是要穷根问底，去探求一切存在物的最后根据。几千年来对于形而上学的研究尽管没有取得一个令人满意的结果，但人们还是去研究它，这就是个明证。理性所要把握的绝对的、无条件的形而上学对象有三个，"灵魂""宇宙""上帝"。它们都只是"理念"，即理性主观自生的"超验的概念"。理性是以概念来运思的能力，其确立真理的形式即推理（也可称为证明），那么什么是理性推理呢？康德认为："理性推理是通过将其条件包摄在所与的普遍原则下，对一命题的必然性的知识"②。理性要确立超验对象，只能应用范畴去把握理念对象，而范畴是有限的，它只能应用于表象的有限事物。传统形而上学的推理形式就是从有条件者推出无条件者（如上帝存在的本体论证明），康德认为这就是僭越，也是传统形而上学独断论的病根。一旦僭越，就会产生"幻相"，这是理性本身的自相矛盾的本性，无法避免。所以康德断定，形而上学不可能作为真理而被建立起来。由此康德为人的认识能力划定了界限，区分了现象

---

① ［德］康德：《纯粹理性批判》，李秋零译，中国人民大学出版社 2004 年版，第 274 页。
② ［德］康德：《逻辑学讲义》，许景行译，商务印书馆 1991 年版，第 109 页。

和本体。我们只能认识现象界，而不能达之于自在之物的本体世界。现象和本体的区分，事实上就是认识论和本体论的区分，"认识论司现象界，本体论司本体界"。

这里我们重点谈一下有关本体的含义，因为康德区分了本体的两种意义。"如果我们把本体理解为这样一个物，在抽掉我们直观它的方式时，它不是我们的感性直观的客体，那么，这就是一个消极意义上的本体。但是，如果我们把它理解为一个非感性直观的客体，那么，我们就假定了一种特殊的直观方式，即理智的直观方式，但它并不是我们的直观方式，我们也不能看出它的可能性，而这就会是积极意义上的本体"①。就一种积极意义上的本体来说，我们要把范畴应用于本体，因为只有范畴，才能真正建立起一个有关对象的客观有效的知识。范畴要建立对象必须要依靠感性直观，而本体不是我们可能经验的对象，所以我们只能以不同于感性直观的另一种直观来作为基础，即康德所说的理智直观，但这样一种设定的"理智直观"完全不在我们的知识能力之内，不是我们人类所能具有的，"因此，被我们称之为本体的，都必须被理解为仅仅在消极的意义上的本体"②。从消极的意义上来理解本体概念还是有一定的意义的，本体的概念是一个界限概念，它不仅限制了感性的僭妄，而且也限制了知性本身，限制了知性的先验使用，使之只有和经验直观相结合才能形成先天综合判断，扩展人类知识。但是，同样的，康德对于本体和现象的区分也暴露了西方传统哲学思维上的总体倾向，就是立足于主客对立、天人相分来发展和思维科学，也可以说康德是从思维和存在、主体和客体的二元论出发来研究认识论的。康德直截了当地揭示了这一根本对立，并走向了不可知论，这也正是其后费希特、谢林、黑格尔对其进行批判并要解决的主要问题。

---

① ［德］康德：《纯粹理性批判》，李秋零译，中国人民大学出版社2004年版，第242页。
② 同上书，第243页。

二　费希特、谢林对康德问题的解决

在德国古典哲学的发展中，费希特是第一个站起来批判并利用他的知识学来推进和解决康德哲学的问题的。费希特指出："康德哲学的根本缺点在于企图把两个敌对原则折中地调和在一起来说明经验和知识，从而他就不能不陷入矛盾。"在费希特看来，"作为哲学出发点的，只能是康德提出的能动的自我，而康德对物自体的存在的承认则是应当彻底地予以否定和抛弃的"①。"物自体……是一种纯粹的'虚构物'，完全没有实在性，其实就是'无'；'物自体'是康德哲学中不合逻辑的赘物，不必要的幽灵，应当从康德哲学中清洗出去。"② 费希特通过批判、改造康德的自我（因为在他看来，在康德的先验哲学里，在自我的基础上什么也没有建立起来）来建立一个严密推演的先验哲学体系，使先验逻辑成为一个相对完备的哲学逻辑系统。自我不是"存在"，而是行动。它活动的规律通过"自我设定自己""自我设定自我的对立面——非我""自我与非我的统一"的推演，使"自我"本身成为客体，并在与自己创立的客体的矛盾中日益发展。费希特认为，自我的这种辩证发展使它成了整个世界和永恒运动的泉源。可以说，"费希特的耶拿知识学是康德创立的先验哲学的完成，因而也是康德所要建立先验逻辑与科学形而上学的完成"③。但是，费希特并没有真正解决康德的问题，黑格尔就指出："费希特的自我是无限的，是能思维的，但却发现自己与一个非我相联系。这是一个矛盾……解决这个矛盾的要求，必须不断地扬弃那限制，永远无穷地向前超出那限制，因而陷于恶的无限性，并且永远不断地发现新的界限。而最后的结果是一个永远不能打破的'循

---

① 杨祖陶：《康德黑格尔哲学研究》，人民出版社 2015 年版，第 43 页。
② 陈修斋、杨祖陶：《欧洲哲学史稿》，湖北人民出版社 1983 年版，第 467 页。
③ 梁志学：《略论先验逻辑到思辨逻辑的发展》，《云南大学学报》（社会科学版）2000 年第 4 期。

环'……他与康德一样，也归结到信仰。"①

对先验逻辑的改变真正做出努力的是创立同一哲学的谢林。他从费希特的哲学出发批判康德哲学。谢林并不同意康德既以主体又以客体同时作为哲学的出发点，而有关费希特以"自我"作为哲学的最高原则，谢林认为是不能解决哲学所应当解决的根本问题的。谢林最后得出的结论是"这种更高的东西本身就既不能是主体，也不能是客体，更不能同时是这两者，而只能是绝对的同一性……"② 所谓绝对的同一，就是"主体与客体"或"思维与存在"的绝对同一。谢林直接面向对象本身来描述创造过程的矛盾发展："对立在每一时刻都重新产生，又在每一时刻被消除，对立在每一个时刻这样一再产生又一再消除，必定是一切运动的最终根据。"相比起康德的"二律背反"也许更深刻得多。但谢林关注更多的是经过他加工的理智直观，"但逻辑的考察却是谢林在他的哲学阐述、发挥中所没有达到的"③。这就使他脱离开了建立另一种哲学逻辑的途径，而这项工作的完成正是德国古典哲学的集大成者——黑格尔。

三　黑格尔的辩证法就是本体论

（一）本体论与辩证法

面对康德问题，黑格尔一开始就表明了立场，他认为，认识真理是哲学的目的，真理是哲学追求的目标，是哲学研究的对象，但这里的真理不是康德意义上的知性真理，而是"就真理的最高意义而言，上帝即是真理，而且唯有上帝才是真理"④。在黑格尔看来，理性是能够成就真理的。

---

① 参见［德］黑格尔《哲学史讲演录》（第四卷），贺麟、王太庆译，商务印书馆1978年版，第328—329页。

② ［德］谢林：《先验唯心论体系》，梁志学、石泉译，商务印书馆1976年版，第250页。

③ ［德］黑格尔：《哲学史讲演录》（第四卷），贺麟、王太庆译，商务印书馆1978年版，第353页。

④ ［德］黑格尔：《小逻辑》，贺麟译，商务印书馆1980年版，第37页。

康德的批判哲学大谈知性和理性，但事实上他从未真正进入理性的殿堂，他坚称本体界是不可知的，占据他哲学的仍然只是"反思的知性"。对于所谓"反思的知性"，黑格尔解释道："在这个名词下，一般所了解的，是进行抽象的、因而是进行分离的知性……而理性，只要它仍然还是自在自为的，便只会产生头脑的幻影"①。康德虽然区分了知性和理性，但却把二者截然分离，并划了一道不可逾越的鸿沟，而自己却一直拘执于知性的原则中，对此黑格尔批评道："哲学已空疏浅薄到了这样的程度，即哲学自己以为并确信它曾经发现并证明没有对于真理的知识；上帝，世界和精神的本质，乃是一个不可把握不可认知的东西。精神必须停留在宗教里，宗教必须停留在信仰、情感、和预感里，而没有理性知识的可能。知识不能涉及绝对和上帝的本性，不能涉及自然界和精神界的真理和绝对本质，但一方面它仅能认识那消极的东西，换言之，真理不可知，只有那不真的，有时间性的和变幻不居的东西才能够享受被知的权利。——一方面属于知识范围的，仅是那些外在的，历史的偶然的情况，据说只有从这里面才会得到他们所臆想的或假想的知识"②。黑格尔认为，知性和理性并不是截然分开的，知性"这种反思的联系，本身就是属于理性的"，这话表明我们应当用理性去统摄知性。如果我们认为理性只是对知性中有限的或有条件的事物的超越，那只会将理性降低为一种有限的或有条件的事物，即理性的知性化。黑格尔对知性的看法不比康德，他把知性看作精神活动的一个有机环节，它是从感性发展而来而又扬弃自身进而发展为理性的动态过程，"因为真正的无限不仅仅是超越有限，而且包括有限并扬弃有限于自身内"③。知性所遵循的原则一是先验逻辑中的综合的原则，即知识客观性的基础是范畴对感性的固有关系，另一个"知性的定律是同一律，单纯的自身联系"，理性则有

---

① ［德］黑格尔：《逻辑学》（上卷），杨一之译，商务印书馆 1966 年版，第 26 页。
② ［德］黑格尔：《小逻辑》，贺麟译，商务印书馆 1980 年版，第 33—34 页。
③ 同上书，第 126 页。

着不同于知性的原则。康德的"幻相的逻辑"确实表达了理性不同于知性同一律的矛盾本性和超验本性，但康德认为矛盾的东西是不合理的，因而采取了消极的划界方式来对待矛盾，黑格尔却不同意康德的观点，他认为理性在把握其固有对象时必然陷入矛盾并在矛盾中进行思维，这是理性的本性，矛盾——那使康德得出理性不能把握绝对的、无限的结论的东西——是思维规定的本性。理性并不排斥矛盾，而是承认矛盾、容纳矛盾，并且在更高的发展阶段上消除矛盾。如果说康德由于害怕矛盾而坚称本体不可知，那么辩证法正是黑格尔所找到的克服矛盾和解决矛盾的方法。黑格尔的辩证法肯定了思维有能力认识绝对的、无条件的和无限的本体——上帝、世界和灵魂，所以，黑格尔的辩证法（逻辑学）实实在在的就是本体论。黑格尔有一次在谈论亚里士多德哲学时说："亚里士多德所最注意的，就是规定这个存在是什么，——就是认识实体。在这个本体论或者用我们的话来说这个逻辑学里面，他详细地研究了和区分了四个原则……"①

（二）本体论与《逻辑学》的开端

关于本体论的问题最早可以追溯到古希腊柏拉图，但是第一个为本体论下定义的却是德国哲学家沃尔夫，"本体论，论述各种关于'有'的抽象的、完全普遍的哲学范畴，认为'有'是唯一的、善的；其中出现了唯一者、偶性、实体、因果、现象等范畴；这是抽象的形而上学"②。可以说本体论是涉及最高的"是"或"存在"概念的哲学，上帝存在的本体论证明即从上帝的概念推论出上帝的存在，上帝既然是"最高、最完满的概念"，那它就必然包含"存在"的特性，所以得出结论：上帝是存在的。尽管康德批判了上帝存在的本体论证明，但他却认同沃尔夫对本体论的定义。

---

① ［德］黑格尔：《哲学史讲演录》（第二卷），贺麟、王太庆译，商务印书馆1960年版，第288页。

② ［德］黑格尔：《哲学史讲演录》（第四卷），贺麟、王太庆译，商务印书馆1978年版，第189页。

现在我们来看看黑格尔的《逻辑学》，全部《逻辑学》的开端就是从"纯存在"开始的，因为在黑格尔看来，哲学真正的开端应当是逻辑的，就哲学本身来说就是对纯粹思想本身的思想，所以那最初的开端必然是绝对的，不能是任何间接性的东西，也不能是得到进一步规定的东西。也就是说，要达到纯粹思想，要把握绝对，就不能在主观上给知识带来任何预定的内容，而必须完全采取客观的态度。我们看到，黑格尔的逻辑学与沃尔夫、康德认识的本体论有所区别，逻辑学的开端"纯存在"（纯有）不是一个可以演绎出其他种种"存在"的包容一切于自身的、完满的、全能的"存在"（如上帝）。

"纯存在"即纯思，它是直接性的东西，它撇开一切的规定性，仅仅说出"有"或"存在"着那么一个东西，此外再无进一步的规定，对于它是大的还是小的，红的还是黑的，仍然一无所知。所以就存在这一无规定性而言也可以说它就是纯粹的否定，这种否定直接说来也就是无。可见纯存在本身就包含着和自己有差别并和自己对立的方面——无，用黑格尔自己的话来说就是"有之为有并非固定之物，也非至极之物，而是有辩证法性质，要过渡到它的对方的。'有'的对方，直接地说来，也就是无"[①]。"纯存在"就这样由于内在矛盾的推动而过渡到了"无"。"纯存在"是纯粹的无规定性，而"无"则是空虚的存在，也同样的没有规定性，所以"纯存在"就是"无"，它们之间也就只是指谓上的区别，正如"在纯粹的光明和在纯粹的黑暗中是一样的，都是什么也看不见"，这种区别同时也可看作无区别。纯存在和纯无是同一的东西，其中的真理就在于"无中之有和有中之无"，二者不可分离，并且每一方都直接消失于对方之中，由此我们就可以推演出一个关于二者相互转化的概念——"变"。开始本身就是变易。如果依知性逻辑，一个概念同时是"有"又是"无"，这是绝对不能被允许的，但是依照辩证法的逻辑，

———————————

① ［德］黑格尔：《小逻辑》，贺麟译，商务印书馆 1980 年版，第 192 页。

"'有'与'无'的真理，就是两者的统一。这种统一就是变易"①。也就是说，有过渡到无，无过渡到有，无中保持其有，乃是变易的原则。在黑格尔看来，一个空洞的"有"，它同时也是"无"，有与无都只是空虚的抽象，作为一个统一了"有"和"无"的概念，其自身必然发生着变易，所以变易才是第一个具体的思想范畴，"变易由于自身的矛盾而过渡到有与无皆被扬弃于其中的统一。由此所得的结果就是"定在"②。在扬弃包含"有"和"无"的变易过程中，这个概念就有了某种确定的规定性，即从最初没有任何进一步的规定性，因而等于"无"的"有"，逻辑地"变易"到了一个有其确定存在的"定在"，定在就是具有规定性的存在，就是"这一个所是""此存在"的意思。这种存在着的规定性就是质。大体上来讲，此后一切概念的矛盾发展的逻辑运演就是如此，直至达于"绝对理念"的存在。在黑格尔的逻辑学中，"概念"之所以不是僵化静止的，就是因为它包含"矛盾"。一个范畴过渡到另一个范畴，正是由于其内在矛盾发生转化使然。起初这种联系还只是潜在的，从存在运演到本质后，范畴之间的矛盾便被明白地建立起来了，但到此还没有结束，矛盾不只是要建立起来，还要被扬弃而达到对立面的统一，进入"否定之否定"的具体概念阶段。可见，"有"与"无"的辩证统一思想贯穿于黑格尔的整个哲学体系，"因为这个有与无的统一，作为最初的原理，是一次便永远奠定了的，并且构成了一切后来东西的环节；所以除变自身而外，一切以后的逻辑规定，如实有、质等，总之，一切哲学的概念，都是这个统一的例证"；"无论天上地下，都没有一处地方会有某种东西不在自身内兼含有与无两者"③。

从"纯存在"到"绝对理念"的存在，就是这样一个从潜在到现实的过程。"绝对理念"就是完全展开了的最初的"纯存在"。如果说存在开始只是潜在的因素，那么只有当它展开自身并扬弃一切差别而重建自

---

① ［德］黑格尔：《小逻辑》，贺麟译，商务印书馆1980年版，第195页。
② 同上书，第202页。
③ ［德］黑格尔：《逻辑学》（上卷），杨一之译，商务印书馆1966年版，第73页。

身的时候，它才达到了真正的现实性。在这个过程中，越是在后的环节较之前面的环节越具有现实性和真理性，黑格尔称它们为在先的东西的"真理"或"本质"，即一种逻辑先在性，它是此前阶段既克服又保留自身的结果。逻辑理念的运演就是从抽象到具体的过程。

由此可见，黑格尔的逻辑学就是关于"存在"的本体论，它从最空洞、最抽象的"存在"通过自身的逻辑运动，发展为具体的、确定的规定性，因此，黑格尔的逻辑学是辩证法，也是本体论，更是辩证本体论。

（三）否定性——黑格尔辩证法的灵魂

D. 亨利希在其《黑格尔逻辑学中的否定形式》一文中指出："'否定性'是黑格尔逻辑学的最重要的、方法论的基本分析手段之一"，"那个有着很多规定的抽象的词，'否定'，是发展哲学理论和黑格尔所说的'理念'的概念结构的唯一基础"[1]。可以说，作为能动原则和创造原则的"否定性"，是黑格尔辩证法的灵魂。

一般而论，"否定"的概念与"无"的概念是联系在一起的，当谈到"否定"或"无"时，我们所想到的是对某一既存的事物所采取的行动，体现在言语表达上，就是对一事物的否定或对别人的行为说"不"，正如黑格尔所说的："抽象的和直接的否定……假如有人愿意，也可以用单纯的'不'字来表示它。"[2] 就无、否定作为一种行动而言潜在地与运动和能动性联系在一起，西方传统哲学思维也的确存在着凭借"否定"和"空虚化"来能动地打破界限、实现目的的因素。如德谟克利特的"虚无"是运动的条件，亚里士多德把运动规定为"潜能的实现"，但是"他们诚然已经知道推动者是否定的东西，但还没有了解它就是自身"，也就是说推动者不光是否定的东西，而且也是一种自我否定，这种否定不是来自外在的推动与强制，而是出自事物本身的内在渴望，所以"否定"在黑格尔那里不单纯是一种外在的否定或

---

① 参见中国社会科学院哲学研究所西方哲学史研究室编《国外黑格尔哲学新论》，中国社会科学出版社1982年版，第44页。

② ［德］黑格尔：《逻辑学》（上卷），杨一之译，商务印书馆1966年版，第71页。

一事物所"遭受"的外在的"否定",而是同一事物的自否定,即事物本身所具有的否定自身、突破有限、超越自己的因素。因此,否定就是自否定,这种理解的前提正是一种本体论的视角:本体是"一",而不是一大堆的"杂多",但"一"是形成多的前提,而且在"一"的思想里包含设定其自身为多的必然性。"一"与"多"的联系不是作为某物与别物的联系,而是作为某物与别物的统一而和自己本身相联系,这种自身联系即否定的联系。否定是本体中一以贯之的原则,是本体成为"一",即本体成为本体的根据。作为"无","否定"并不是对现有事物的"缺乏",也不是通过对某一规定加以否定而得到的"有规定的、有内容的无",这种特定的、有内容的"无"只是后来发展的结果。黑格尔意识到,从一个普遍的、抽象的概念到一个特殊的、具体的概念的逻辑运动,正是由于概念本身具有的否定因素,才使这"逻辑的枯骨"获得自身运动的生命。"为了争取科学的进展——为了在基本上努力于对这件事有十分单纯的明见——唯一的事就是要认识以下的逻辑命题,即:否定的东西也同样是肯定的;或说,自相矛盾的东西并不消解为零,消解为抽象的无,而是基本上仅仅消解为它的特殊内容的否定;或说,这样一个否定并非全盘否定,而是自行消解的被规定的事情的否定,因而是规定了的否定;于是,在结果中,本质上就包含着结果所从出的东西;——这原是一个同语反复,因为否则它就会是一个直接的东西,而不是一个结果。由于这个产生结果的东西,这个否定是一个规定了的否定,它就有了一个内容"①。而"引导概念自己向前的,就是前述的否定的东西,它是概念自身所具有的,这个否定的东西构成了真正辩证的东西"②。

可以说,否定性贯穿于黑格尔的整个逻辑学中。在存在论中,"存在只是潜在的概念",包含"质、量和尺度"三个阶段,"质"是与

---

① ［德］黑格尔:《逻辑学》(上卷),杨一之译,商务印书馆 1966 年版,第 36 页。
② 同上书,第 38 页。

"存在"相同一的，如果某物失掉它的质，这物就失掉其所以为这物的存在，反之，"量"的性质便与"存在"相外在。量之多少一般不影响存在，例如，一个房子，无论大一点或小一点，仍然是一个房子，同样，颜色不论是蓝色还是红色，无论深一点或浅一点，它都是蓝色或红色。"尺度"是质和量的统一，是有质的量，一切事物莫不为尺度，量的大小不影响存在，但这种不影响也是有限度的，一旦打破界限、超出限度，存在就不再是其存在。"把存在的这些规定分别开来看，它们是彼此互相对立的，从它们进一步的规定来看，它们是互相过渡到对方"，这种过渡可以说是一种向外的设定，是潜在存在着的概念的开展。质和量是互相过渡的，过渡是否定的形式，黑格尔本人就说："首先由质过渡到量，其次由量过渡到质，因此两者都被表明为否定的东西。"① 由于在"存在"的范围里，所以各范畴之间的联系只是潜在的，相对比较简单，所以否定的形式只是一种过渡。

在本质论中各范畴之间逻辑运演的方式就已不再是简单的过渡，而是映现或反思。本质可以说是间接的和设定起来的东西，"本质是映现在自身中的存在"，本质的观点一般来讲就是反思的观点。"反映或反思这个词本来是用来讲光的，当光直线式地射出，碰在一个镜面上时，又从这镜面上反射回来，便叫做反映。在这个现象里有两方面，第一方面是一个直接的存在，第二方面同一存在是作为一间接性的或设定起来的东西。当我们反映或反思一个对象时，情况亦复如此。"② 本质是在范畴间的相互联系和映照中得到规定的，所以本质的过渡同时也不是过渡，而是反思。反思与过渡的区别在于，在过渡中，范畴是不固定的，每一个范畴总是在不断地过渡到它的对方中，并且是从这一个过渡到那一个；而反思所强调的则是一个东西与它的对方的联系，要通过那一个反映出这一个来。我们经常说要想认识事

---

① ［德］黑格尔：《小逻辑》，贺麟译，商务印书馆 1980 年版，第 239 页。
② 同上书，第 242 页。

物，就要认识事物的本质，意思就是用思维去追溯它后面的本质或根据，就像寻着镜中影像反过来找到实物一样，一切本质的东西都只有通过它们的这种反映才可能为人们所把握，而人们所把握到的，无非就是思想的本质。在这种意义上，也可以说反思是一种思想的追溯，而"否定性同时是作为联系、差别、设定的存在、中介的存在而出现"。所以在本质论中，范畴都是成对出现的，如差别与同一、内容与形式、原因与结果，没有这一范畴就没有另一范畴。

范畴的运演到本质阶段还没有结束，它还要回复自己本身，即进入"存在"和"本质"相统一的"概念"阶段，在人们心中，总认为"概念"是一种离开整个世界和全部生活的空洞的"名称"，是抽象的僵化。相比较而言，感性的杂多表象更给人以具体性和实在性，但黑格尔却指出："感性确定性的这种具体内容使得它立刻显得好像是最丰富的知识，甚至是一种无限丰富的知识……又好像是最真实的知识；因为它对于对象还没有省略掉任何东西，而让对象整个地、完备地呈现在它面前。但是，事实上，这种确定性所提供的也可以说是最抽象、最贫乏的真理。它对于它所知道的仅仅说出了这么多：它存在着。"① 事情存在着，而事情之所以存在，仅仅因为它存在着，它存在对于感性知识来说，就是个本质的东西，除此之外说不出任何东西。你感觉到这，感觉到那，但是你说不出来你的感觉，就是表达不出概念，就等于无，在黑格尔看来，那就是抽象的。我们要认识到黑格尔所理解的具体和抽象与日常观念中理解的具体和抽象是完全相反的，但这并不是说感性不重要。人的意识对于对象来说先形成表象，之后才上升到概念，而且也只有通过表象，人的能思的自我才进而达到对事物的本质的认识和把握，但是在没达到概念之前，在黑格尔看来，感性的确定性就是抽象的。

---

① ［德］黑格尔：《精神现象学》（上卷），贺麟、王玖兴译，商务印书馆 1979 年版，第 71 页。

　　黑格尔不仅认为感性确定性是"抽象"的，而且他认为如果对"概念"作知性的把握，即传统形而上学的思维方式，"概念"也仍然是抽象的。他对知性逻辑以及知性思维方式的批评和否定贯穿于他的整个哲学体系。那么，造成这种传统形而上学独断的思维方式的根源何在呢？黑格尔指出，根源在于非此即彼的知性思维的有限性。"在'知性逻辑'里，概念常被认作思维的一个单纯的形式，甚或认作一种普通的表象。为情感和心情辩护的立场出发所常常重复说的：'概念是死的、空的、抽象的东西'这一类的话，大概都是指这种低视概念的看法而言。其实正与此相反，概念才是一切生命的原则，因而同时也是完全具体的东西"①。近代知性思维的方式集中表现在康德的批判哲学中。康德指出，我们的知识产生于两个基本来源，一个是接受表象的能力，即感性，另一个是通过这些表象认识对象的能力，即知性。感性的职能是提供认识对象，知性的职能在于运用主体固有的范畴去思维对象，也就是去综合、统一感性所提供的材料，二者结合产生出知识。所以，康德说"思想无内容则空，直观无概念则盲"②。知性思维固然有其自发的能动性，但它并不能凭借自身就产生出对象来，只有在感性的界限内对象才被给予我们。因此，认识的原初就已经注定了知性范畴的有限性，它只能被应用于表象的有限事物，永远不能逾越感性的界限。一旦僭越，就会产生差别、矛盾，在康德那里，这是绝对不能容许的，差别矛盾乃是"死亡"的因素，所以对于知性范畴都只能做经验性的应用，而不能有先验的应用。我们只能认识现象界，而不能达之于自在之物的世界。由此，黑格尔批评地指出："知性的活动，一般可以说是在于赋予它的内容以普遍性的形式。不过由知性所建立的普遍性乃是一种抽象的普遍性，这种普遍性与特殊性坚持地对立着，致使其自身同时也成为一特殊的东西

① ［德］黑格尔：《小逻辑》，贺麟译，商务印书馆1980年版，第327页。
② ［德］康德：《纯粹理性批判》，李秋零译，中国人民大学出版社2004年版，第83页。

了。知识对于它的对象既持分离和抽象的态度，因而它就是直接的直观和感觉的反面，而直接的直观和感觉只涉及具体的内容，而且始终停留在具体性里。"① 知性范畴仅仅是一种自身与自身的抽象同一性以及与他者的抽象差别性，它所表达的是一种非此即彼的片面规定。而为了摆脱知性范畴这种抽象与僵化（黑格尔《逻辑学》中的本质论部分就相当于传统形而上学的知性环节），黑格尔指出必须把知性范畴提升到理性概念的层面上来，客观真理才能真正建立起来。

在黑格尔自己独有的概念论里，黑格尔处理概念的方式就是让它自己运动起来，不断地产生，又不断地被扬弃，而扬弃的结果并不是归于空无，而是达到一个新的、更高的、更丰富的思想规定性。我们来看一下概念论的结构：

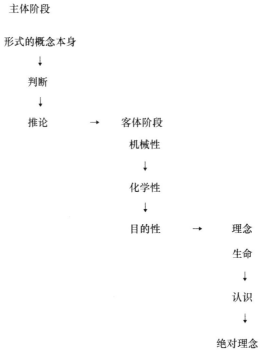

① ［德］黑格尔：《小逻辑》，贺麟译，商务印书馆 1980 年版，第 172—173 页。

如图：概念的辩证运动一开始从形式的概念本身经判断到推论到达到从概念的主体阶段进展到概念的客体阶段，最终发展为个体生命。主体客体化的活动就是生命活动，生命活动通过人在认识和实践中达到对自身普遍性的觉解，最终达到生命的最高境界绝对理念。用黑格尔自己的话说："概念的进展既不复仅是过渡到他物，也不复仅是映现于他物内，而是一种发展"；"概念的运动就是发展，通过发展，只有潜伏在它本身中的东西才得到发挥和实现"①。在黑格尔那里，"抽象"就是"抽象的理性""僵化的知性"，可以说黑格尔尽其一生都在与抽象的哲学形式做斗争，通过对"抽象知性"的批判，达到对理性的觉解。所以只要我们不是无谓地停留在黑格尔思想的面前，而深入里面去，就会发现黑格尔思想的具体性，他的概念中有"世界"，世界中有"概念"，绝非一般人所误解的那样"抽象"。

第四节　辩证法和认识论的一致

> 什么是逻辑学的对象？对于这个问题的最简单、最明了的答复是，真理就是逻辑学的对象。真理是一个高尚的名词，而它的实质尤为高尚。只要人的精神和心情是健康的，则真理的追求必会引起他心坎中高度的热忱。②
>
> ——黑格尔《小逻辑》

关于"辩证法和认识论的一致"这一论断，我们可以追溯到列宁在 1915 年写的《谈谈辩证法问题》中提到的"辩证法也就是（黑格尔和）马克思主义的认识论"。（先抛开列宁这一论断的当时语境，

---

① ［德］黑格尔：《小逻辑》，贺麟译，商务印书馆 1980 年版，第 329 页。
② 同上书，第 64 页。

这在之后马克思的辩证法和认识论的一致中再具体探讨）列宁在摘要黑格尔哲学著作中，也不止一次地谈到这个问题，如"总之，《逻辑学》第 2 部（《主观逻辑》）第 3 篇（《观念》）的导言（第 5 卷第236—243 页）以及《哲学全书》中相应的各节（第 213—215 节）几乎就是关于辩证法的最好的阐述。也就在这里，可以说是极其天才地指明了逻辑和认识论的一致"①。那么黑格尔的辩证法到底是不是认识论呢？一些学者认为，黑格尔的辩证法是逻辑学，是本体论，这些问题不大，基本上是可以说得过去的，但是说辩证法是认识论，却存在着很大的争议，甚至是不承认二者的一致。持这一观点的学者认为：近代认识论问题的症结在于真理是大全，而概念是有规定的、有限的，用有限的规定去把握无限的大全，必然会陷入矛盾，并且会使真理因为建立在经验之上而被有限化。康德作为近代认识论的集大成者把这一问题推到了极致，最终走向了物自体不可知的二元论，可见康德的认识论本身是有缺陷的。黑格尔为了解决这一问题，必然要抛弃康德的认识论立场，所以黑格尔的辩证法是本体论，是逻辑学，但不可能是认识论。这一观点只是看到了黑格尔对康德的批评，而没有看到黑格尔正是立于康德认识论的层面并扬弃其缺陷的。真正来讲，逻辑学以研究真理为对象，认识论也研究真理，真理是认识的本质，所以黑格尔的逻辑学不能不是认识论，黑格尔的辩证法和认识论也应该是一致的。

一 黑格尔的《逻辑学》与认识的机能

黑格尔认为，人不是神，人没有康德所说的"理智直观"，人要把握真理、大全总是要使用概念、逻辑，但不是康德的先验逻辑，所以他不同意康德的批判哲学所言的要在认识之前考察认识的能力，他说："一般认识的本性既将在逻辑科学之内来考察，而认识的其他具

---

① ［俄］列宁：《哲学笔记》，人民出版社 1993 年版，第 162 页。

体形式也便归在精神科学和精神现象学之中了。"① 黑格尔虽然批评
了康德，但黑格尔的哲学同时也是吸收了近代直至康德以来的认识论
成果并应用于自己的逻辑范畴的运演。他说："首先，关于知性或概
念与它的先行阶段的形式。由于我们的这门科学是纯粹的逻辑，在我
们这些科学中这些先行的阶段就是有与本质。在心理学中，感觉与直
观以及一般的表象是在知性之前。由于精神现象学是关于意识的理
论，在《精神现象学》中便是由感性意识阶段，进到知觉意识阶段，
再上升到知性。"② 黑格尔自己的说法更为隐晦，但是黑格尔的逻辑
范畴发展的顺序同认识之由浅入深、由抽象到具体的过程是一致的，
这本身是毋庸置疑的，大体上来讲，黑格尔《逻辑学》中的"存在
论"阶段相当于认识中的"感性"阶段，"本质论"阶段相当于认识
中的"知性"阶段，而逻辑中的"概念"阶段则相当于认识中的
"理性认识"。

　　人类的一切认识都开始于感性，在感性认识中，人们认识到个别
事物，而个别事物虽是生动的、丰富的、直接的具体事物，但却是转
瞬即逝的、孤立的、彼此外在的，它们之间的关系只是空间上的彼此
相连与时间上的彼此相续，因此，可以说感性的认识是一种"表象思
维"，即一种物质性的思维，一种偶然的意识，它完全沉浸在材料里，
因而很难从物质里将它自身摆脱出来同时还能独立存在。认识的源初
状态，表现在逻辑上，就是直接性的范畴"存在"，而感性的个别事
物之间的外在关系就是范畴之间的过渡关系，"存在只是潜在的概念。
从它们进一步的规定来看，它们是互相过渡到对方的，这种向对方过
渡的进程，一方面是一种向外的设定，因而是潜在存在着的概念的开
展"③。存在的质、量、尺度这三个形式之间的关系正是这种过渡的
关系，首先由质过渡到量，其次由量过渡到质，二者在尺度的发展过

---

① ［德］黑格尔：《逻辑学》（上卷），杨一之译，商务印书馆1966年版，第52页。
② 转引自周礼全《黑格尔的辩证逻辑》，中国社会科学出版社1989年版，第48页。
③ ［德］黑格尔：《小逻辑》，贺麟译，商务印书馆1980年版，第187页。

程中互相过渡到对方，消逝在对方中，"在存在的范围里，当某物成为别物时，从而某物便消逝了"。存在阶段的范畴之间的这种过渡关系，实际上就是感性的某物与别物彼此之间外在的关系而已。用黑格尔自己的话说就是："这里所提及的'存在'的三个形式，正因为它们是最初的，所以又是最贫乏的，亦即最抽象的。直接的感性意识，因为它同时包含有思想的成分，所以特别局限在质和量的抽象范畴。这种感性意识通常被认作最具体的，因而同时也常被看成是最丰富的。但这仅是就其材料而言，倘若就它所包含的思想内容来看，其实可以说是最贫乏的和最抽象的。"①

认识是不断深入的，不能只停留在感性层面，一定要进入知性认识，它是比感性认识更高的阶段，是一种"对感性直观的对象进行思维的能力"。近代无论是经验论还是唯理论，都在仔细研究人类知性规律的前提下大力倡导知性的训练和改进，由此才促进了科学的发展。当我们提到思维一般（或更确切点说范畴、概念）时，就是指知性的活动。知性的认识，一般可以说是赋予其内容以普遍性的形式，从认识的方面讲，就是理解当前的对象，从而得到其特定的区别。例如在自然科学的研究中，我们必须区分质料、力量、类别等，将其分类，从而固定其特性，在这里，思维是作为分析的理智而进行的。知性的法则是同一律，是单纯的自身联系，只有通过这种同一律，认识的过程才能够由一个范畴推进到另一个范畴。同样地在实践方面，知性认识也不可少，一个志在有所作为的人，必须知道限制自己，世界上有趣味的东西很多，人可能会对很多事情感兴趣，这并没有什么不对，但一个人在特定的环境内，如欲有所成绩，必须专注于一事，而不可于多方面分散他的精力。因此，无论于哪一项职业，主要的是用理智去从事，法官必须专注于法律，按照法律判决案件，不可左顾右盼而迟疑。知性认识的是确定性的知识，但黑格尔也指出：

---

① ［德］黑格尔：《小逻辑》，贺麟译，商务印书馆 1980 年版，第 188—189 页。

知性的认识是对普遍性的抽象的认识，"它坚持着固定的规定性和各规定性之间彼此的差别。以与对方相对立。知性式的思维将每一有限的抽象概念当作本身自存或存在着的东西"①。也就是说，知性仅仅是一种自身与自身的抽象同一性以及与他者的抽象差别性，它所表达的是一种非 A 即 B 的片面规定。

黑格尔批评的是知性的思维方式，但黑格尔同时指出知性作为一个活生生的向理性发展的环节又是不可或缺的，黑格尔《逻辑学》的"本质论"所揭示的正是知性活动所遵循的规律和法则，具体来说就是关于知性活动的逻辑。所以"本质论"中的范畴都是"双层"的，是彼此对立而又相互依存的。甲范畴的本质要在和它对立的乙范畴中才能反映出来，反之亦然。我们所要认识的对象，不是它的直接性，而是它间接反映出来的现象。我们常说哲学的任务在于认识事物的本质，就是说不应当让事物只停留在它的直接性里，而是要指出认识是以别的事物为中介和依据的，如本质阶段的"同一"与"差异"。黑格尔首先区分了两种同一：抽象的同一即排除任何差别和具体内容的同一。具体的同一即包含差别和对立于自身内，在矛盾发展中保持自身的同一，知性的思维坚持的正是这种抽象的同一。同一就是同一，差异就是差异，这种同一只是形式的或知性的同一，殊不知同一本身包含它自己的否定物（差异）于自身内，所以同一与差异在本质阶段是相对的，因为它们还没有返回自身，即还没有达到真正的统一。

所谓理性的认识可以说是人心中具有的一种要求把握绝对的、无条件的知识。在康德看来，人们通过"感性"和"知性"所获得的知识，都是关于现象世界的东西，总是相对的、有条件的乃至有限的，理性的对象是"理念""灵魂""宇宙""上帝"，但由于这些形上理念的超验性和形上知识的综合性，形而上学的客观性无法

---

① ［德］黑格尔：《小逻辑》，贺麟译，商务印书馆 1980 年版，第 172 页。

由客观原理来保证（这里所说的客观原理就是所谓逻辑，逻辑是纯真理、纯知识，是使一切知识成为知识的知识），但在人心中却存在着一种把握绝对的、无条件的知识的自然倾向，正如人天生就是形而上学的动物一样，这是"理性自身的本性使然"。"本性使然"需要通过客观的证明才能成为真理，但又因为它超越了人类理性的一切能力而无法得到证明，由此，康德得出结论：真理或知识只能达于现象界，不能达于本体界。但黑格尔所独有的"概念论"却向我们证明了哲学是以真理为对象的，是能认识真理的，"哲学是以思想、范畴或更确切地说，是以概念去代替表象"。

我们知道，传统的范畴之所以无法认识无限的对象，就在于它们是从经验出发的，它们是从具体的感性事物中抽象出来的共性。因此，范畴在源初因无法脱离表象而是有限的，一旦用它去把握无限的东西，就会把无限有限化。黑格尔正是看到了这一点才转换了方向，从一开始就立于理性的高度，通过"自我演绎范畴"使有限的范畴上升到了无限的概念。概念不是知性的认知活动从感性出发而抽象出来的，而是自我对自身活动的反思，自我既是承载概念、产生概念的实体，又是自我决定、自我确立的主体。所以，在黑格尔那里，概念不存在产生不产生的问题，因为它既是产生者，又是被产生者，是自在自为的，"概念是自由的原则，是独立存在着的实体性的力量"①。

一般来说，我们总是误解黑格尔的哲学，好像只有感觉中的具体事物或一般直接的、可感知的东西才是具体的。而一说到概念，就会与"抽象"联系在一起，黑格尔自己也说，这话在一定范围内是对的，"一方面是因为概念指一般的思想，而不以经验中具体的感官材料为要素，一方面是因为概念还不是理念"②。其实黑格尔是

---

① ［德］黑格尔：《小逻辑》，贺麟译，商务印书馆1980年版，第327页。
② 同上书，第335页。

最反对抽象的，"……如果真理是抽象的，那它就是不真实的。健全的人类理性力求具体的东西……哲学最敌视抽象的东西，它引导我们回到具体的东西……"①。哲学以"纯概念""纯思想"作为自己的研究对象，但这并不意味着概念、思想就一定是抽象的，黑格尔这里所说的"概念"就是具体的，而且是完全具体的东西，具体是概念的具体，是指多样性的有机联系的整体，是内在的自身同一。例如我们说一朵花，它就是具有多样性的规定，如颜色、形状、味道等，但花并不是这些规定性的偶然堆积，它是一个整体；在它之中，这些规定性是彼此有机地联系着的，我们之所以说一朵花是一个具体物，就因为它是这样一些不同规定性的统一体。又如，一个顾客和一个商贩说：你卖的鱼是臭的呀！商贩就大骂这个顾客：我的鱼是臭的，你自己才臭呢，你爸爸是个疯子，你妈妈死在养老院了……你就只配住在监牢里。总之商贩把顾客骂得一无是处，这个商贩就是一个知性的抽象思维的人，因为他不知道认识事情都是具体的，是多方面的统一。正如黑格尔所说的："事实上无论在天上或地上，无论在精神界或自然界，绝没有象知性所坚持的那种'非此即彼'的抽象东西。无论什么可以说得上存在的东西，必定是具体的东西，因而包含有差别和对立于自己本身内的东西。"② 对具体概念的认识也是一个由抽象到具体的过程，"认识是从内容到内容向前转动的。首先，这种前进是这样规定自身的，即：它从单纯的规定性开始，而后继的总是愈加丰富和愈加具体。因为结果包含它的开端，而开端的过程以新的规定性丰富了结果。普遍的东西构成基础；因此不应当把进程看作是从一个他物到一个他物的流动。绝对方法中的概念在它的他有中保持自身；普遍的东西在它的特殊化中、在判断和实在中，保持自身；普遍的东西在以

① 转引自列宁《哲学笔记》，人民出版社 1993 年版，第 207 页。
② ［德］黑格尔：《小逻辑》，贺麟译，商务印书馆 1980 年版，第 258 页。

后规定的每一阶段，都提高了它以前的全部内容，它不仅没有因它的辩证的前进而丧失什么，丢下什么，而且还带着一切收获和自己一起，使自身更丰富、更密实"①。具体概念作为许多规定的统一体，是认识的目标，是认识要达到的结果，但在认识、把握"具体概念"的过程之初，却只能认识一些"简单的规定"，这些"简单的规定"是抽象的、片面的，随着逻辑概念的发展，愈是在后的概念，其所包含的方面和环节也愈多、愈具体，片面性和抽象性也愈加消失。

二 黑格尔"逻辑和历史"的相一致原则

黑格尔在具体制定他的逻辑范畴体系和安排逻辑范畴发展的先后顺序时，具体地考察了历史的东西，具体来说就是哲学史，他说："正如逻辑理念的开展是由抽象进展到具体，同样在哲学史上，那最早的体系每每是最抽象的，因而也是最贫乏的。故早期的哲学体系与后来的哲学体系的关系，大体上相当于前阶段的逻辑理念与后阶段的逻辑理念的关系，这就是说，早期的体系被后来的体系所扬弃，并被包括在自身之内。"② 逻辑学的开端——"纯存在"是逻辑中最初的、最抽象的、最贫乏的范畴，在哲学史上与之相对应的就是巴门尼德的哲学，"我们知道，哲学史开始于爱利亚学派，或确切点说，开始于巴曼尼得斯（按，就是巴门尼德）的哲学。因为巴曼尼得斯认'绝对'为'有'，他说：'惟"有"在，"无"不在'。这须看成是哲学的真正开始点，因为哲学一般是思维着的认识活动，而在这里第一次抓住了纯思维，并且以纯思维本身作为认识的对象"③。"纯存在"和"无"的统一即"变易"。在哲学史上，赫拉克利特的哲学差不多相当于"变"的逻辑理念，"当赫拉克利特说'一切皆在流动时，他已

---

① ［德］黑格尔：《逻辑学》（下卷），杨一之译，商务印书馆 1976 年版，第 549 页。
② ［德］黑格尔：《小逻辑》，贺麟译，商务印书馆 1980 年版，第 190 页。
③ 同上书，第 191 页。

经道出了变易是万有的基本规定'"①。哲学史上同逻辑范畴——"自
为的存在"相对应的，是原子论的哲学，"将绝对界说为自为存在，
为一，为多数的一"②。在哲学史中，我们遇到作为斯宾诺莎原则的
"实体"，而斯宾诺莎哲学所缺少的"个体性"的原则，则在莱布尼
茨的"单子论"里以哲学的形式首先出现。可见黑格尔把逻辑学和
认识的历史密切联系了起来，这也得到了列宁的很高评价："显然黑
格尔是把他的概念、范畴的自己发展和全部哲学史联系起来。这给整
个逻辑学提供了又一个新的方面。"③ 所以海德格尔才说："在黑格尔
之前，没有一种哲学获得过这样一种对哲学的基本态度，这种基本态
度使得下面这回事情成为可能并且要求着下面这回事情，即：哲学思
考同时在其历史中活动，并且这种活动就是哲学本身。"④ 恩格斯也
曾高度评价黑格尔哲学对马克思主义创立的巨大作用，他说："黑格
尔的思维方式不同于所有其他哲学家的地方，就是他的思维方式有巨
大的历史感作基础……他是第一个想证明历史中有一种发展、有一种
内在关联的人。"⑤ 在思辨唯心主义的体系中，我们读到了哲学就是
哲学史，也因此黑格尔哲学作为传统哲学的集大成者而成为其后哲学
难以逾越的高峰，在这里哲学得到了完成并达到了它的顶峰。只要我
们仅仅期待发展传统式的新哲学，就不免要与黑格尔相遇，所以我们
才会说以黑格尔之名，哲学完成了，终结了。

　　但黑格尔历史与逻辑的统一是建立在唯心主义的原则基础上的，
他说："几千年来，这哲学工程的建筑师，即那唯一的活生生的精神，
它的本性就是思维，即在于使它自己思维着的本性得到意识，当它
（精神）自身这样成为思维的对象时，同样它自己就因而超出自己，

---

① ［德］黑格尔：《小逻辑》，贺麟译，商务印书馆 1980 年版，第 199 页。

② 同上书，第 214 页。

③ ［俄］列宁：《哲学笔记》，人民出版社 1993 年版，第 290 页。

④ ［德］海德格尔：《路标》，孙周兴译，商务印书馆 2000 年版，第 504 页。

⑤ 《马克思恩格斯选集》（第 2 卷），人民出版社 1995 年版，第 42 页。

而达到它自身存在的一个较高阶段。"① 又说："在哲学史上，逻辑理念的不同阶段是以前后相继的不同的哲学体系的姿态而出现，其中每一体系皆基于对绝对的一个特殊的界说"②。这表明了在黑格尔那里，逻辑的东西不是历史的东西的反映，而是历史的"建筑师"。哲学史由抽象到具体的发展过程反映的是"逻辑范畴"由抽象到具体的过程，不是逻辑的东西符合历史，而是历史被逻辑宰制，不是生产生活本身，而是思想、逻辑赋予了历史的意义，是意识创造了历史及其形态，历史本身被认为是理念的体现。对此，列宁在《黑格尔〈哲学史讲演录〉一书摘要》中摘录了黑格尔的这样一句话："哲学在历史中的发展应当符合于逻辑哲学的发展。"这句话表明了黑格尔历史与逻辑统一的唯心主义立场，列宁对这句话的旁注是："哲学在历史中的发展'应当符合'（??）逻辑哲学的发展"，列宁之所以在"应当符合"几个字的后面打上两个问号，显然是表示反对黑格尔把历史看成符合于逻辑的唯心主义观点，那只是唯心主义者黑格尔的牵强附会。不过我们也应该看到，黑格尔"历史和逻辑"的统一，这一点在哲学史上仍然是一个不小的贡献，它表明了哲学史是具有内在的逻辑的规律性的。"在哲学历史上所表述的思维进展的过程，也同样是在哲学本身里所表述的思维进展的过程，不过在哲学本身里，它是摆脱了那历史的外在性或偶然性，而纯粹从思维的本质去发挥思维进展的逻辑过程罢了。"③

此外，黑格尔还深刻地阐述了哲学和哲学史发展的圆圈思想。他说："哲学的每一部分都是一个哲学全体，一个自身完整的圆圈。但哲学的理念在每一部分里只表达出一个特殊的规定性或因素。每个单一的圆圈，因它自身也是整体，就要打破它的特殊因素所给它的限制，从而建立一个较大的圆圈。因此全体便有如许多圆圈所构成的大

---

① ［德］黑格尔：《小逻辑》，贺麟译，商务印书馆1980年版，第54页。
② 同上书，第190页。
③ 同上书，第55页。

圆圈。这里面每一圆圈都是一个必然的环节，这些特殊因素的体系构成了整个理念，理念也同样表现在每一个别环节之中"①。黑格尔认为每一个哲学系统都是一个自身完整的圆圈，但它只能表达出整个理念的某个特殊性质，由于自身的矛盾，必然要冲破自身而形成较大的圆圈。整个哲学史就是通过许多哲学体系一连串的否定的否定而形成的，是由许多小圆圈构成的大圆圈。每个小圆圈都是大圆圈的一个环节。同时，新的哲学体系代替旧的哲学体系是一种扬弃，"虽然我们应当承认，一切哲学都曾被推翻了，但我们同时也须坚持，没有一个哲学是被推翻了的，甚或没有一个哲学是可以推翻的……因此所谓推翻一个哲学，意思只是指超出了那一哲学的限制，并将那一哲学的特定原则降为较完备的体系中的一个环节罢了。所以，哲学史的主要内容并不是涉及过去，而是涉及永恒及真正现在的东西"②。

---

① ［德］黑格尔:《小逻辑》，贺麟译，商务印书馆 1980 年版，第 56 页。
② 同上书，第 191 页。

第二章

如何理解马克思"三者一致"的
辩证法思想

　　黑格尔的唯心主义辩证法可以说是马克思辩证法的直接理论来源，这是学界所公认的。当德国思想家们把黑格尔当作一条"死狗"抛弃时，马克思公开承认他是这位大思想家的学生，甚至卖弄了黑格尔特有的表达方式，并认为黑格尔"第一个全面地有意识地叙述了辩证法的一般运动形式"。可以说，黑格尔实现了辩证法理论形态从自发到自觉的根本性转换，它展现的是本体论、认识论和逻辑学相统一的人类思想运动的逻辑。在黑格尔之前，哲学分为探究世界本原的本体论，探索人类认识的认识论和考察思维形式的逻辑学三大部分，黑格尔则试图以"绝对理念"自我否定、自我发展的逻辑体系作为统一性理论，把本体论、认识论和逻辑学都熔铸其中，在黑格尔的哲学中，不仅没有认识论基础的本体论是无效的，而且没有思维自己构成自己的逻辑学基础的认识论也是无效的，黑格尔辩证法的"三者一致"正是以人类思想运动的逻辑，去展现思维和存在所服从的同一"原理"，也就是把思维和存在所服从的同一"规律"展现为人类思想运动的逻辑，即概念自己运动发展的辩证法。① 这在列宁看来，是

---

　　① 参见孙正聿《列宁关于辩证法就是认识论的基本思想及其现实意义》，《社会科学战线》1985 年第 4 期。

黑格尔哲学"全部有价值的东西",而马克思唯物主义地吸收了黑格尔哲学全部有价值的东西并发展了这些有价值的东西。

　　但是马克思的辩证法是不是三者一致的?对此,学界却持质疑甚至否定的态度。一些学者认为,马克思继承了黑格尔辩证法的合理内核,但其辩证法却不是三者一致的,一个重要的原因就是马克思根本没有一本类似于黑格尔《逻辑学》那样研究思维、思维规定和规律的著作,虽然马克思在给恩格斯的信中曾写道"我很愿意用两三个印张把黑格尔所发现、但同时又加以神秘化的方法中所存在的合理的东西阐述一番,使一般人都能够理解",但马克思最终还是没有写出来。此外,在马克思主义的阵营里,如普列汉诺夫还把马克思主义的认识论混同于费尔巴哈的形而上学的唯物主义,把辩证法仅仅当作实例的总和,从而把认识论和辩证法割裂开来,从而导致的严重后果就是"辩证法"走向了自身的反面——脱离思想内容的"变戏法"。

　　在此,要替马克思辩护。实际上马克思的辩证法完全吸收了黑格尔辩证法"三者一致"的思想,并以更加敏锐的方式将其应用于资本主义社会的研究,它远远不是单纯的沉思。正如卢卡奇所提出的什么才是马克思主义问题中的正统一样正统仅仅就是指方法,辩证的马克思主义就是正确的研究方法。对黑格尔"精神的先验性的摈弃"并不伴随着对辩证法的抛弃,马克思也和黑格尔一样坚持着辩证法,列宁在黑格尔《逻辑学》一书摘要中就明确指出:"虽说马克思没有遗留下'逻辑'(大写字母的),但他遗留下《资本论》的逻辑,应当充分地利用这种逻辑来解决这一问题。在《资本论》中,唯物主义的逻辑、辩证法和认识论〔不必要三个词:它们是同一个东西〕都应用于一门科学,这种唯物主义从黑格尔那里吸取了全部有价值的东西并发展了这些有价值的东西。"① 马克思没有一本像黑格尔《逻辑学》那样的著作,那是因为对于马克思来说,黑格尔已经实现了辩

──────────

① 〔俄〕列宁:《哲学笔记》,人民出版社1993年版,第290页。

证法理论的一般运动形式的叙述，而他关注的始终是人类社会的现实问题，他不需要"比黑格尔更黑格尔化"，也不愿意自己的思路被引向抽象的思辨，但这并不影响马克思的辩证法是"逻辑学、认识论、辩证法"的统一。对此，列宁说得很深刻："不理解黑格尔的《逻辑学》，就不懂得马克思的《资本论》"。在《资本论》的逻辑中，凝聚着德国近代古典哲学思想的精华，从康德到黑格尔，凝聚的焦点之一就是辩证法、认识论和逻辑学的三者一致。本章将探讨马克思批判继承的不是黑格尔辩证法的外壳，而是历史的内涵逻辑，即"逻辑、认识论、辩证法"的三者统一，并把起初根植于一种土壤的概念移植到另一种土壤中并发展了其有价值的东西。

第一节 "物"的德国唯心论渊源

"物"的学说是康德哲学的重要组成部分，可以说，它贯穿于康德整个哲学体系。它是康德哲学认识论的归宿，又是通向其道德哲学的门户。亨利希·海涅把"物"当作康德哲学的最重要部分和其哲学的核心。叔本华也认为康德的最大的贡献就是对现象和物自体的区分。这种二元区分所导致的"物自体"不可知，也成了康德哲学的最大障碍。这也是其后费希特、谢林、黑格尔乃至马克思对其进行批判并要解决的问题。

一 康德的"自在之物"

1770 年，对于德意志民族来说，哲学因为康德而变成了一件民族的事业。康德以批判哲学著称，他所关注的问题可概括为科学、自由和形而上学三个方面。当时西欧的两大哲学派系，以莱布尼兹—沃尔夫为代表的唯理论和以洛克—休谟为代表的经验论在解释科学知识的普遍必然性问题上因各执一端而陷入了困境。康德以前的哲学家，总是假定我们的一切知识都必须遵照对象，但是，那些对象先天地通

过概念来澄清某种东西以扩展我们的知识的尝试在这一假定下都失败
了。如何为科学奠基成了康德要解决的首要问题。康德深知在唯理论
站不住脚的地方，也绝不能到经验论中去找出路。因此，康德走上了
一条完全不同于两者的先验的道路，不是我们的知识必须符合对象，
而是我们的对象必须依照知识。人的认识活动是主体通过先天认识能
力去整理后天的经验材料的结果，从而形成了具有普遍性和必然性的
科学知识，这就是被称为"哥白尼式的革命"的康德哲学革命。因
此，康德向我们指出，"人们可以尝试一下，如果我们假定对象必须
遵照我们的认识，我们在形而上学的任务中是否会有更好的发展"①。
康德认为，只有这样，才能够说明我们的知识为什么能够与对象相一
致，同时又能够具有科学所要求的普遍必然性。这种"哥白尼式"
的思维方式的变革虽然突出了主体本身在认识中的能动性，但依照这
一原理对人类认识能力进行批判考察的一个重要后果就是区分了现象
和物自体。康德在《纯粹理性批判》的感性论中写道："如果我们被
一个对象所刺激，则对象的表象能力就是感觉。通过感觉与对象发生
关系的那些直观就叫作经验性的。一个经验性直观的未被规定的对象
就叫做显象。"② 这里的"被一个对象所刺激"的"对象"就是指物
自体。正是由于它的"刺激"，我们才能产生感觉并进一步获得感性
认识（虽然这种认识是一种未完成的认识，只是对一般认识抽象分析
的提取物），可以说它是我们获得感性材料的来源，但康德却指出它
不能被我们所认识。我们能够认识的只是事物相对于我们的显象而不
可能认识事物本身。"我们在任何情况下所可能完全认识的，毕竟只
是我们的直观方式，即我们的感性，并且永远只是在原初就依附于主
体的空间和时间的条件下认识它的；至于对象自身会是什么，毕竟永
远也不会通过惟一被给予我们的、对象自身的显象的最清晰知识而为

---

① ［德］康德：《纯粹理性批判》，李秋零译，中国人民大学出版社 2004 年版，第 16 页。
② 同上书，第 56 页。

我们所知"①。

如果说物自体在感性认识中是作为感性材料的来源而存在的话，那么在知性范围内康德通过将对象区分为现象和本体来专门探讨物自体的问题。在康德看来，将对象划分为现象和本体，依据于范畴的运用。他认为，我们的知识有两个基本来源，一是接受表象的能力，通过它，对象被给予我们；二是通过表象认识对象的能力（知性），通过后者，对象被思维，只有二者的结合才能产生出知识。"无感性就不会有对象被给予我们，无知性就不会有对象被思维。思想无内容则空，直观无概念则盲。因此，使其概念成为感性的（即把直观中的对象赋予概念）和使其直观成为知性的（即将他们置于概念之下），是同样必要的"②。先天直观形式上的空间和时间为知识的形成提供了必不可少的经验质料，通过知性范畴对之进行综合统一从而就获得了知识。但康德又指出我们的一切知识虽然开始于经验，却不来源于经验。知性范畴如果离开了感性直观，就只是一个空洞的形式，所以它也只能有经验的运用，而不能有先验的运用（无法脱离经验材料）。尽管纯粹知性范畴本身是先验的，但它也只能应用在经验对象上。因为，只有在直观中，对象才被给予一个概念，而且即使像空间、时间这样的纯直观还是在对象之前才是先天可能的，它本身也只有通过经验性直观获得对象，才能获得客观有效性。一切概念和一切原理无论它们是如何先天可能的，仍然与经验性直观乃至可能经验的材料相关。如果没有这种相关，它们就根本没有任何客观有效性。因此康德一再强调"没有感性的形式条件的纯粹范畴仅仅具有先验的意义，但却不具有先验的应用……""知性先天地可以做到的，永远无非是预先推定一般可能经验的形式，而既然不是显象的东西就不可能是经验的对象，所以知性永远不能逾越感性的界限，只有在感性的界限内部

---

① ［德］康德：《纯粹理性批判》，李秋零译，中国人民大学出版社 2004 年版，第 73 页。
② 同上书，第 83—84 页。

对象才被给予我们""纯粹知性概念永远不能有先验的应用，而是在任何时候都只能有经验性的应用，纯粹知性的原理只有在与一种可能经验的关系中才能与感官的对象相关，但绝不能与一般而言的物相关"①。由此看来，知性范畴的应用问题必然导致对象被区分为现象和本体。② 所谓现象就是事物呈现给我们的"显象"通过知性范畴的加工而形成的经验现象，尽管知识已由知性立法为之提供了普遍必然性，但知识离不开感性经验，所以它不可能是终极的实在，现象之外一定还有东西，这就是本体。本体就是知性的先验运用所设定的对象，但康德一再强调知性的先验运用是不可能的，所以本体就不可能是知性能认识的对象。除非假定有一种理智的直观方式，这样才会是积极意义上的本体。但这种特殊的直观形式完全处在我们的知识能力之外，所以在纯粹理论理性的应用中，本体概念完全是在消极的意义上来理解的，对本体的讨论最后导致的是界限的概念，即"本体的概念纯然是一个界限概念"③。

康德的"物自体"除了作为感性的来源和认识的界限外，还有一层更重要的含义，即作为理性的理念是实践理性的范导性原则——康德在"纯粹理性的二律背反"和"先验理想"中提出的上帝、自由、灵魂等理性理念——"它们具有一种杰出的、对于我们来说不可或缺地必然的范导性应用，也就是说，使知性指向某一个目标，知性的一切规则的方向线都参照这一目标而汇聚于一点，尽管这个点只是一个理念……"④ 在康德看来，对上帝存在、灵魂不朽的悬设，以作为世界的最高原因，使世界万事万物的目的性展示出来，这对于研究自然

---

① ［德］康德：《纯粹理性批判》，李秋零译，中国人民大学出版社 2004 年版，第 240—241 页。

② 不十分严格地说，显象与物自体是相应于先验感性论的概念，现象和本体则是相应于先验分析论的概念，物自体在感性论中规定为单纯的某物，而本体却是一个思想规定，康德认为虽然不能认识，但却能够思维。

③ ［德］康德：《纯粹理性批判》，李秋零译，中国人民大学出版社 2004 年版，第 247 页。

④ 同上书，第 497 页。

是有益的事。它们是不同于知性的"构造原理"的理性的"范导性原理"。所谓"构造"是指知性范畴作用于感性直观以构成知识的科学原理，而"范导"是理性的理念指引并规范认识，它本身不是科学的对象，也不能代替具体的科学研究。它只是"在知性独自不足以成为规则的地方通过理念来继续帮助它，同时尽可能地给其规则的差异性带来在一个原则下的一致性，并由此造就联系"①。作为范导原理的理性的理念虽然指导知性以寻求经验知识的最大限度的统一性，但它却不能作用于现象界，只有在实践理性领域内，才具有积极的意义，这样认识论的先验理念和理想就迈入了伦理学的实践理性。可以说，在康德的认识论和伦理学中，物自体学说贯穿始终，是其批判哲学不可缺少的基础和理论前提。

可以说，康德"哥白尼式的革命"从根本上改变了人类的思维方式。它以先验的方式重新为科学奠基，但依据这一原理对人的理性认识能力进行批判考察得出的结论却是消极的，即人的认识能力是有限的，只能认识现象，而不能达到物自身，但人类理性的本性就是要穷根问底，去探求一切存在物的最后根据，几千年来对于形而上学的研究尽管没有取得一个令人满意的结果，但人们还是去研究它，这就是个明证。因此，对于自由、意志、上帝等形而上学问题，康德为其开辟了更为广阔的天地——道德实践领域。康德哲学也从认识论转向了道德本体论。康德虽然限制了知识，却为信仰留下了地盘，他的道德法则所强调的是行为所依据的准则须是放之四海而皆准的理性原则，而绝不是依时而定的权宜之计，用康德的话说，即"不论做什么，总应该做到使你的意志所遵循的准则永远同时能够成为一条普遍的立法原理"②。道德法则在康德那里只是一个应然，在现实世界也并不是人人必须遵守的，但它却必然地要求"应该存在"，它是康德在理论

① ［德］康德：《纯粹理性批判》，李秋零译，中国人民大学出版社 2004 年版，第 499 页。
② ［德］康德：《实践理性批判》，邓晓芒译，杨祖陶校，中国人民大学出版社 2003 年版，第 5 页。

上对理性所要求的一种理想，虽然仅仅只是一种理想，在康德那里却有着非凡的意义——"有两样东西，我们愈经常持久地加以思索，它们就愈使心灵充满日新月异，有加无已的景仰和敬畏：在我之上的星空和居我心中的道德法则"①。康德甚至把它视为一种崇高，"真正的崇高必须只在判断者的内心中，而不是在自然客体中去寻求"②。在康德看来，崇高并不能从自然界中去寻找，因为经验中的事物都不大可能达到"绝对"的地步，对绝对的东西，即我们称为崇高的东西的把握是理性的使命，而对无限和自由的向往则是人的本性使然。因此，崇高最内在地根源于主体的道德意识，"那种哪怕只能思维地，表明内心有一种超出任何尺度的能力的东西"③。

二　古典批判

康德对于本体和现象的区分暴露了西方传统哲学思维上的总体倾向，就是立足于主客对立、天人相分来发展和思维科学，也可以说康德是从思维和存在、主体和客体的二元论出发来研究认识问题的，康德直截了当地揭示了这一根本对立，并走向了不可知论，这也正是康德的后继者们要思考和解决的问题。在德国古典哲学的发展中，费希特是第一个站起来利用他的知识学批判和解决康德哲学的问题的。费希特的知识学直接来源于康德的理论哲学，他认为知识学所要探讨的是知识何以发生及其基本要素和前提条件等问题。但是，它不满意康德对知识可能性所作的解释，尤其不满意康德的物自体学说，认为物自体的存在妨碍了康德哲学成为一个统一的哲学体系。"那个物自身，乃是无，而且正如它的辩护人自己必须承认的那样，物自身除去通过经验只能从物自身出发才能得到解释"这个主张所取得的那种实在性

---

①　[德]康德：《实践理性批判》，邓晓芒译，杨祖陶校，中国人民大学出版社2003年版，第220页。

②　同上书，第95页。

③　同上书，第89页。

之外，是别无其他的实在性的……"物当然是通过一种行动按照这些规律产生的，物完全不是别的什么东西，只不过是通过想象力把这一切关系综合起来罢了，而这一切关系的相互结合就是物；对象当然就是那一切概念的原始的综合"①。在费希特看来，作为哲学出发点的，只能是康德提出的能动的自我，他通过批判改造康德的自我（因为在他看来，在康德的先验哲学里，在自我的基础上什么也没有建立起来）来建立自己的知识体系。自我不是"存在"，而是行动。它活动的规律是通过"自我设定自己""自我设定自己的对立面——非我""自我与非我的统一"的推演，"自我"使自己本身成为客体，并在与自己创立的客体的矛盾中日益发展起来。费希特认为，自我的这种辩证发展使它成了整个世界和永恒运动的泉源。自我的行动是用以说明知识的产生和可能条件的，那么物自身就是多余的了，并且也就"成了彻头彻尾的虚构物；人们显然绝对再也找不出任何理由来假定一个物自身"②。诚然，费希特虽然看到了康德从物自身和理性两者来解释知识的可能性问题必然陷入二元分立的局面，但他也并没有真正解决康德的问题，正如黑格尔所揭示的那样"费希特所谓自我，似乎并不是真正地自由的、自发的活动。因为这自我被认为最初是由于受外界的刺激而激励起来的，对于外界的刺激，自我就要反抗，惟有由于反抗外界刺激，自我才会达到对自身的意识——同时，刺激的性质永远是一个异己的外力，而自我便永远是一个有限的存在，永远有一个'他物'和它对立……于是在这种情形下，自我只是自身不断的运动，以便从外来刺激里求得解放，但永远得不到真正的自由"③。费希特过于迷恋人类意识的能动性和完美性，从而不能意识到关于知识的分析绝不能脱离经验事实，而比起康德从存在科学知识的事

---

① 北京大学哲学系外国哲学史教研室编译：《十八世纪末—十九世纪初德国哲学》，商务印书馆1975年版，第201—202页。

② 同上书，第190页。

③ ［德］黑格尔：《小逻辑》，贺麟译，商务印书馆1980年版，第151页。

实出发对知识所作的二元论解释，费希特不能不说是一种方法上的倒退。

　　作为德国古典哲学的集大成者，黑格尔对康德物自体问题的批判是非常著名的，其在多部著作中都有体现。在《哲学全书》中，他这样写道："物自体表示一种抽象的对象。——从一个对象抽出它对意识的一切联系、一切感觉印象，以及一切特定的思想，就得到物自体的概念。很容易看出，这里所剩余的只是一个极端抽象，完全空虚的东西，只可以认作否定了表象、感觉、特定思维等等的彼岸世界。而且同样简单地可以看到，这剩余的渣滓或僵尸，仍不过只是思维的产物，只是空虚的自我或不断趋向纯粹抽象思维的产物。这个空虚自我把它自己本身的空虚的同一性当作对象，因而形成物自体的观念。"① 在黑格尔看来，物自体是一种抽象，是思维抽象的产物，它抽象掉了与他物的关系，是自身反思而来的纯粹存在物，可能再也没有比物自体更容易知道的东西了。在《逻辑学》第二部分"现象"的第一章"存在"中，黑格尔直指康德的物自体，他说"自在之物是存在物作为那由扬弃中介而呈现的本质的直接物"②。在康德那里，抽象的自在之物是作为终极的规定而存在的，而黑格尔仅仅把它看作认识发展过程中的一个环节，事物的真实存在都是处于一定的相互关系中，并在这种关系中获得丰富多样的规定性。"自在之物是自身相关的、本质的存在；只有在它包含自身反思的否定性的情况下，它才是自身同一；那对它表现为外在存在的东西，因此就是它本身中的环节。它因此也是自身被自身排斥的自在之物，所以它对待自身就像对待一个他物那样"③。其实早在《精神现象学》中，黑格尔就不仅在认识论上，而且在本体论的层面上（实体即主体）通过知识与对象之间的辩证运动而破解了康德自在之物的不可知性。康德认为，在研

---

① ［德］黑格尔：《小逻辑》，贺麟译，商务印书馆1980年版，第125页。
② ［德］黑格尔：《逻辑学》（下卷），杨一之译，商务印书馆1976年版，第121页。
③ 同上书，第123页。

究事情本身之前，即在认识之前，有必要对人类理性认识本身进行批判考察，认识被康德理解为掌握真理的工具或手段。但黑格尔指出我们使用手段来达到目的，这绝不是件合理的事情，并且造成严重的后果，"相信在认识与绝对之间存在着一条天然区别两者的界限"，"它也假定着我们自身与这种认识之间有一种差别，而它尤其假定着：绝对站在一边而认识站在另外一边，认识是自为的与绝对不相关联的，却倒是一种真实的东西"①。在黑格尔看来，事实不是这样的，对认识能力的考察本身也是一种认识，它不仅仅是手段，重要的是它本身也是目的，它本身就在自身之内。自在之物本来就仅是对它自身而言的自在。一旦意识发现对象与知识本身不相符合的时候，对象自身就进行自我否定，这种否定不断地推动对象前进，从而达到自身的统一。也就是说，认识不是一次性的，也不是静态的，而是一个动态的过程，是一个辩证发展运动的过程。同时黑格尔也强调人的认识能够获得客观真理，这个真理就是对上帝的认识，对绝对理念的自我认识，原则上根本不存在什么不可被意识到的自在之物。

三　现实批判

马克思作为德国古典哲学的真正继承人，更不赞成康德现象和物自体的区分，但与古典哲学家们不同，他不是从静观的知识论立场出发去谈论抽象的物，而是从真正的现实批判的角度来解谜康德的自在之物，并把二者（现象界和本体界）都统一在他的历史唯物主义学说中。马克思认为，"这些哲学家没有一个想到要提出关于德国哲学和德国现实之间的联系问题，关于他们所作的批判和他们自身的物质环境之间的联系问题"②。哲学必须要在现实中实现，不能在现实中实现的哲学只能加以终结。因此，自在之物不再是抽象思维的产物，

---

① ［德］黑格尔：《精神现象学》（上卷），贺麟、王玖兴译，商务印书馆1979年版，第59页。

② 《马克思恩格斯选集》第1卷，人民出版社1995年版，第66页。

而是社会现实的产物。对于康德，马克思曾这样评价，他说"康德只谈'善良意志'，哪怕这个善良意志毫无效果，他也心安理得，他把这个善良意志的实现以及它与个人的需要和欲望之间的协调都推到彼岸世界"；"不管是康德或德国市民，都没有觉察到资产阶级的这些理论思想是以物质利益和由物质生产关系所决定的意志为基础的。因此，康德把这种理论的表达与它所表达的利益割裂开来，并把法国资产阶级意志的有物质动机的规定变为'自由意志'，自在和自为的意志，人类意志的纯粹自我规定，从而就把这种意志变成纯粹思想上的概念和道德假设"①。在此，马克思已经表明了自己的观点，即关于康德自在之物等理论思想都是以物质利益和由物质生产关系所决定的意志为基础的。真正的理论应该是以现实的生产生活为对象的，而不是将之推向神秘的彼岸世界。思想和观念恰恰是自己时代物质生活的理论反映，理论的真理和现实性只有在改变人们的社会生活的实践中才有意义。这里康德讲的实践与马克思的实践具有完全不同的含义，康德所讲的实践是道德实践，探讨的是人类道德活动的基础，关涉人的意志及意志的普遍规定。它只是纯粹理性在道德上的实践应用，起立法作用的仍然是理性，所以一切运用的标准仍然只能在纯粹理性自身之中去寻找。而在马克思那里，实践不仅是一种道德活动，它根本上也是人的一种本原性的存在与生活样式。"全部社会生活在本质上是实践的。凡是把理论引向神秘主义的神秘东西，都能在人的实践中以及对这个实践的理解中得到合理的解决。"② 只有在实践的现实化过程中，才能使哲学真正走出内在的思想和意识，变成实际改变现存世界的力量。"我们首先应当确定一切人类生存的第一个前提，也就是一切历史的第一个前提，这个前提是：人们为了能够'创造历史'，必须能够生活。但是为了生活，首先就需要吃喝住穿以及其他

① 《马克思恩格斯全集》第 3 卷，人民出版社 1960 年版，第 211—212 页。
② 《马克思恩格斯选集》第 1 卷，人民出版社 1995 年版，第 56 页。

一些东西。因此第一个历史活动就是生产满足这些需要的资料，即生产物质生活本身……"① 人们为了能够生活，必须要进行生产，就不得不把大部分的生命意志消耗在物质生产劳动中，而这一物质生产过程也体现了人的本质力量的对象化，是自由意志的体现和客观化。同时在这个生产过程中，人和人之间必然要结成一定的社会关系，"只有在这些社会联系和社会关系的范围内，才会有他们对自然界的影响，才会有生产"②。动物从来不对什么东西发生关系，而且它们也根本没有"关系"，人则不一样，人的生存意志总是体现在进行物质生产劳动所结成的关系中。正是这种在生产过程中结成的关系，规定了思想和精神的可能空间，规范着人的目的和意志。正如马克思所指出的："只有当物按人的方式同人发生关系时，我才能在实践上按人的方式同物发生关系"③。所以，康德的"自在之物"在马克思看来绝不是人静观的彼岸世界，而是人的实践活动，尤其是那看不见、摸不着却又决定着一切的物质生产关系。这样，马克思就在现实的生活、生产需要中解密了康德的自在之物。

在德国古典哲学中，物自体学说有一个发展的过程，在每一个哲学家的哲学体系中，它所处的不同地位和不同阶段则规定了它的不同意义。每一个哲学家主要都是从自己的理解出发来处理物自体问题的。古典哲学家费希特、黑格尔主要是在抽象的观念中解决康德的物自体问题，他们仍然是在思想中打转，而马克思则立足于现实，从物质生产实践出发，破解康德的自在之物之谜，并真正地突破了意识哲学的内在性，使哲学在现实中实现。从此意义上讲，马克思才是德国古典哲学的真正继承人。

---

① 《马克思恩格斯选集》（第 1 卷），人民出版社 1995 年版，第 78—79 页。
② 同上书，第 344 页。
③ 《马克思恩格斯全集》（第 3 卷），人民出版社 2002 年版，第 344 页。

第二节　马克思辩证法"三者一致"的
唯物主义前提

　　这种历史观就在于：从直接生活的物质生产出发阐述现实的生产过程，把同这种生产方式相联系的、它所产生的交往形式即各个不同阶段上的市民社会理解为整个历史的基础，从市民社会作为国家的活动描述市民社会，同时从市民社会出发阐明意识的所有各种不同理论的产物和形式，如宗教、哲学、道德等等，而且追溯它们产生的过程……这种历史观和唯心主义历史观不同，它不是在每个时代中寻找某种范畴，而是始终站在现实历史的基础上，不是从观念出发来解释实践，而是从物质实践出发来解释观念的形成……①

——马克思《德意志意识形态》

　　黑格尔的辩证法作为一切辩证法的基本形式已经完成了，黑格尔为传统哲学注入了新的力量，试图以思想的辩证运动来消解和融化传统抽象、僵化的本体论及概念论证方式。但黑格尔仍然是一个形而上学家，他对本体的理解仍然是一个抽象的概念世界，即认为逻辑思想是一切事物自在自为地存在着的根据。对此，马克思指出，黑格尔的辩证法"尽管已有一个完全否定的和批判的外表，尽管实际上已包含着那种往往早在后来发展之前就有的批判"，但在实质上不过是"非批判的实证主义和同样非批判的唯心主义"。黑格尔的辩证法实现的是与形而上学的合流，前进一步又倒退了回去，黑格尔到最后仍然是在意识的内在性中打转。如何走出传统形而上学的牢笼禁锢，马克思指出，"在思辨终止的地方，在现实生活面前，正是描述人们实践活

----

　　①　《马克思恩格斯选集》（第1卷），人民出版社1995年版，第92页。

动和实际发展过程的真正的实证科学开始的地方。关于意识的空话将终止，它们一定会被真正的知识所代替"①。作为一切理论的最终"原理"，恰恰不是理论本身，而是人的现实生活。也许历史是马克思最感兴趣的事物，但历史绝不是黑格尔意义上的绝对理念自我运动的历史，历史就是人们的存在，就是人们的现实生活过程，而人们现实生活过程的根基，则是人们的物质生活资料的生产——劳动，劳动才是人的存在。这样，马克思就用"感性活动"和"物质生产过程"的实践取代了黑格尔的"思维过程"的主体性。在黑格尔那里，辩证法是概念的自我发展，马克思主义则"唯物地把我们头脑中的概念看作现实事物的反映，而不是把现实事物看作绝对概念的某一阶段的反映"。这里需要注意的是，人类生而就是求知的动物，喜欢探究事物的意义，所以不论是劳动还是生产永远不可能只是单纯的物质问题或经济因素。在马克思那里，它是具有本体论意义的活动。可以说，马克思"历史唯物主义"的创立，变革了迄今为止的全部"哲学"，从而实现了从"解释世界"到"改变世界"的哲学革命。

一　国民经济学的"劳动"：财富的本质

> 我的研究得出这样一个结果：法的关系正像国家的形式一样，既不能从它们本身来理解，也不能从所谓人类精神的一般发展来理解，相反，它们根源于物质的生活关系，这种物质的生活关系的总和，黑格尔按照 18 世纪的英国人和法国人的先例，概括为"市民社会"，而对市民社会的解剖应该到政治经济学中去寻求。②
>
> ——马克思《〈政治经济学批判〉序言》

① 《马克思恩格斯选集》（第 1 卷），人民出版社 1995 年版，第 73 页。
② 《马克思恩格斯选集》（第 2 卷），人民出版社 1995 年版，第 32 页。

　　在古典政治经济学中，劳动一直和财富纠缠在一起，斯密在他的《国富论》的开篇——"序论"中就指出："一国国民每年的劳动，本来就是供给他们每年消费的一切生活必需品和便利品的源泉。构成这种必需品和便利品的，或是本国劳动的直接产物，或是用这类产物从外国购进来的物品。"① 可以说，"劳动既是国民财富的性质，又是形成国民财富的原因"，那么，什么是财富呢？通俗地讲，财富就是满足人需求的各种各样的商品或者说就是使用价值，由此看来人的主体需要决定了经济学中的"经济"。这也促使马克思关注了一个更现实的领域，即"以物质利益和由物质生产关系所决定的意志"领域。在马克思看来，劳动不仅是财富的源泉，而且是人类生存的基础，所以马克思指出"人们为了能够'创造历史'，必须能够生活。但是为了生活，首先就需要吃喝住穿以及其他一些东西。因此第一个历史活动就是生产满足这些需要的资料，即生产物质生活本身……因此任何历史观的第一件事情就是必须注意上述基本事实的全部意义和全部范围，并给予应有的重视"②。马克思的唯物主义是以关注现实劳动中不可缺少的物质条件为前提的，他始终强调这样一个事实，即劳动具有物质的、自然的一面。"劳动首先是人和自然之间的过程，是人以自身的活动来中介、调整和控制人和自然之间的物质变换的过程"③。人有自然属性，人想要在这个世界上生存，就必须要劳动，劳动是为了满足人的生存需要，所以人在本质上就是个劳动者、生产者。同样地，劳动也应该是人的生命的自由实现。古典经济学对财富和劳动的理解本身也是对人的本质规定性的理解，但其出发点却是利己主义的个人。人的功利性、利己性促使人通过消费商品不断地满足自己的需求，而劳动则是能使这一满足得以实现的唯一途径。由此导致的结果就是国民经济学

① ［英］亚当·斯密：《国富论》（上卷），郭大力、王亚南译，商务印书馆 1972 年版，第 1 页。
② 《马克思恩格斯选集》（第 1 卷），人民出版社 1995 年版，第 79 页。
③ ［德］马克思：《资本论》（第 1 卷），人民出版社 2004 年版，第 207—208 页。

只关注财富，完全忽略创造财富的人及劳动。在马克思看来，资本主义社会下的劳动者只不过是经济范畴的人格化，或者更直白些说仅仅是具有最必要的肉体需要的牲畜，就如同牛马一样的劳动动物。对此，马克思批评道："劳动本身，不仅在目前的条件下，而且就其一般目的仅仅在于增加财富而言，在我看来是有害的、招致灾难的，这是从国民经济学家的阐发中得出的，尽管他并不知道这一点。"① 马克思从当前的经济事实出发，分析了社会可能处于的状态及工人生活的状态。当社会财富处于衰落状态时，工人可能遭受最大的痛苦；而在财富增长的社会中，这可能算是对工人最有利的。因为财富的增加、资本的积累，资本家对工人的需求必然超过供给，但工人的结局仍然是劳动过度、早死甚至沦为资本的奴隶——无论是在社会财富处于衰落、增长还是达到完满的状态——工人所能收获的仍然仅仅是贫困。与此同时，只要被迫的强制劳动一停止，工人就像逃避瘟疫一样逃离劳动，好像劳动不是他自己的，而是别人的，结果就是人觉得只有在运用自己的吃、喝、生殖等同动物一样的机能时，才觉得自己是在自由地活动。对于资本家来说，人是微不足道的，财富才是一切。而国民经济学家却忽略这样的事实，把资本主义社会中的人及其生活现实的异化置于一种"虚构的原始状态"并加以科学的论证和掩盖。在马克思看来，这是国民经济学应该遭到批判的实质，"以劳动为原则的国民经济学表面上承认人，毋宁说，不过是彻底实现对人的否定而已"②，国民经济学从"经济人"的主体需求出发所导致的极端后果就是"人"必然是"异化了的人"，"劳动"也必然是"异化了的劳动"。可见，"劳动"在国民经济学中是以一种"异化的形式"出现的。

二 黑格尔的"劳动"：精神世界的对象化活动

我们再来看看黑格尔哲学。马克思指出，"他——在抽象的范围

---

① ［德］马克思：《1844 年经济学哲学手稿》，人民出版社 2000 年版，第 13 页。
② 同上书，第 74 页。

内——把劳动理解为人的自我产生的行动，把人对自身的关系理解为……生成着的类意识和类生活"①。如果说国民经济学中的劳动是以异化的形式出现的，那么黑格尔的"劳动"也是以"异化"的形式出现的。但"异化"这个规定，在马克思看来却是"黑格尔辩证法的积极的环节"——人要满足自己，首先要把自己的本质力量对象化、外化，为自己创造出一个对象世界，形成主体与客体的对立，对自己构成否定，然后再通过这种对立的扬弃，使外化的本质力量回到自身，这是一个自我产生、自我创造的否定之否定的过程，是自由和人性的真正实现。在马克思看来，这正是黑格尔"异化"的见解——"它主张人的现实的对象化，主张人通过消灭对象世界的异化的规定，通过在对象世界的异化存在中扬弃对象世界而现实地占有自己的对象性本质"②。这一过程是借助于劳动这个中介来完成的，表现为"劳动的辩证运动过程"。

根据卡尔·洛维特的研究，黑格尔有三次是以劳动为主题的："在耶拿讲演中，在《精神现象学》中和在《法哲学原理》中。""对于理解黑格尔把握劳动的立场来说，中心是精神现象学，在它的不同形态中总是出现同一种运动：意识和自我意识的辩证法"③。马克思的批评主要依据的就是《精神现象学》。黑格尔的《精神现象学》就是人们研究描述、分析意识由现象达到与本质的同一过程的意识的发展史。对此，恩格斯概括得最为清楚明白，他说："精神现象学也可以叫作同精神胚胎学和精神古生物学类似的学问，是对个人意识各个发展阶段上的阐述，这些阶段可以看作人类意识在历史上所经过的各个阶段的缩影"④。

————————

① ［德］马克思：《1844 年经济学哲学手稿》，人民出版社 2000 年版，第 113 页。

② 同上书，第 112 页。

③ ［德］卡尔·洛维特：《从黑格尔到尼采》，李秋零译，生活·读书·新知三联书店 2006 年版，第 358、375 页。

④ 《马克思恩格斯选集》（第 4 卷），人民出版社 1995 年版，第 219 页。

　　黑格尔对于劳动问题的论述主要集中在"自我意识"部分的第四章"意识自身确定性的真理性"中。在"精神"的运动中，意识转化为自我意识，"自我意识"发展的最初阶段是"欲望"。在这个阶段，自我看不到对象，他为了自己本身的存在而抹杀对象，"确信对方的不存在，它肯定不存在本身就是对方的真理性，它消灭那独立存在的对象，因而给予自身以确信……"① 但在自我意识运动的过程中，它逐渐认识到对自己本身的确信是以对象的存在为条件的，没有对象，自我无法成为自我意识，"自我意识只有在一个别的自我意识里才获得它的满足"②。这就是说自我意识的存在只有被另一个自我意识承认，它们的存在是由于彼此相互地承认着它们自己。"彼此承认"并不是那么顺利地一下子就完成的过程，而是要经过争斗，既和对象又和自身相争斗才能得以实现。

　　在黑格尔《精神现象学》自我意识的"主人与奴隶"阶段，这一过程表现得更为直观，即斗争的双方：一方是具有独立意识的自为存在的主人；另一方是作为依赖意识（依赖主人存在）的奴隶，此间的辩证运动通过劳动的中介而得以展开。一方面，劳动使欲望的满足从一个即将消逝的东西提升到持久的、实质的一面。也就是说，奴隶把自己的对象化为某种持存的他物，"劳动是受到限制或节制的欲望，亦即延迟了的满足的消逝，换句话说，劳动陶冶事物。对于对象的否定关系成为对象的形式并且成为一种有持久性的东西，这正因为对象对于那劳动者来说是有独立性的。这个否定的中介过程或陶冶的行动同时就是意识的个别性或意识的纯粹自为存在，这种意识现在在劳动中外在化自己进入到持久的状态。因此那劳动着的意识便达到了

　　① ［德］黑格尔：《精神现象学》（上卷），贺麟、王玖兴译，商务印书馆1979年版，第136页。

　　② 同上。

以独立存在为自己本身的直观"①；另一方面，在劳动的过程中，主人与奴隶之间的关系（依赖与被依赖）发生了转化。在黑格尔看来，主人与两个环节相关联，一方面与奴隶相关联，另一方面与物相关联。奴隶虽然也是有意识的，但它的意识中没有"自我"，只是以主人的意识为转移。奴隶对于主人来说只是一种否定的东西，主人什么事情都让奴隶去干，而主人与物的关联就是通过奴隶的中介。对于奴隶来说，物是独立的，物不是奴隶享乐的对象，而是要否定的对象，要想物为他所用，只有通过劳动改造它，使其变成他想要的模式。在对物进行加工改造的劳动中，在这一过程中，奴隶把自己的本质力量赋予了物，物的改造是奴隶才能的体现，是他本质的一种对象化的表现，他通过劳动中的否定性活动而寻回自我，由此，奴隶成了物的"主人"。正如黑格尔所描述的那样："通过劳动奴隶的意识却回到了它自身。"② 在陶冶事物的劳动中则自为存在成为他自己固有的了，他并且开始意识到他本身是自在自为地存在着的。"正是在劳动里，奴隶通过自己再重新发现自己的过程，才意识到他自己固有的意向"③。而真正的主人通过奴隶只是间接地与物发生了关系，主人只是享受了物，却把塑造物的权利让给了奴隶，主人反而处于依赖奴隶的地位，"独立的意识的真理乃是奴隶的意识"④。意识和自我意识的这种辩证运动揭示了黑格尔"劳动"的本质。因此，劳动的问题就不只是停留在"主奴意识"这一阶段，而是贯穿于整个现象学之中。可以说，黑格尔完成了对"劳动"的哲学论证，将生命的意义和伦理价值通过"劳动"的运动过程彰显了出来。尽管黑格尔选择了一个纯粹的精神领域，即在其特有的"概念"的世界中把握到了创造

---

① ［德］黑格尔：《精神现象学》（上卷），贺麟、王玖兴译，商务印书馆1979年版，第147—148页。

② 同上书，第147页。

③ 同上书，第148页。

④ 同上书，第146页。

自己的人的本质活动。但马克思还是透过黑格尔精神的面纱抓住了黑格尔劳动的精髓，所以对于黑格尔的劳动给予了积极的评价，"黑格尔把人的自我产生看作一个过程，把对象化看作非对象化，看作外化和这种外化的扬弃；可见，他抓住了劳动的本质，把对象性的人、现实的因而是真正的人理解为他自己劳动的结果"。但马克思转而又批评道，"黑格尔只是看到劳动的积极的一面，而没有看到它的消极的一面，他承认的只是抽象的精神的劳动"。这话是对的，《精神现象学》就是一部精神运动的发展史，黑格尔从绝对出发，而又回归于绝对精神，"劳动"是自我意识异化又克服异化的精神活动，而人也只不过是绝对精神运动的一个环节，人不是实现自己的目的，实现的是神的目的，这正是黑格尔的"理性的狡计"。所以卡尔·洛维特才会说："他所描述的东西，根本不是人的过程，而是人里面的神的过程，其真正的主体是绝对的理念。"① 所以马克思才会说："对人的本质力量的占有或对这一过程的理解，在黑格尔那里是这样表现的：感性、宗教、国家权力等等是精神的本质，因为只有精神才是人的真正的本质，而精神的真正的形式则是思维着的精神，逻辑的、思辨的精神。自然界的人性和历史所创造的自然界——人的产品——的人性，就表现在它们是抽象精神的产物，因此，在这个限度内，它们是精神的环节即思想本质。"②

此外，需要引起我们注意的是，黑格尔的《精神现象学》不仅是一部关于"意识"的发展史，而且还表现出关涉人的生存的存在论的萌芽。海德格尔在《黑格尔的经验概念》中对此做了深刻的阐释，他指出："现象学在这里是表示精神之此在的名称。精神是现象学的主体，而不是现象学的对象"，"绝对之在场发生为现象学。经验乃是存在，按照这种存在，绝对意愿在我们近旁存在"，"惟有根据存

---

① ［德］卡尔·洛维特：《从黑格尔到尼采》，李秋零译，三联书店 2006 年版，第 377 页。

② ［德］马克思：《1844 年经济学哲学手稿》，人民出版社 2000 年版，第 100 页。

在状态上暨存在学上的意识的辩证特性，我们才能取得意识之表象的论题特性"①。虽然只是一种萌芽，但对于马克思来说，黑格尔是一个转折，也是一个关键，他使马克思对于劳动的理解超出了经济学的禁锢，而真正达于对劳动的哲学——存在论的理解。但由于黑格尔只是把人的意识在精神上占有现实看作自由，自由是以一种"异化"的形式而得到表达的，所以在他那里，"人"等同于"精神"，"人"的劳动就是"精神"的劳动。"人"只不过是"绝对精神"运动的一个逻辑环节，而"劳动"也只不过是自我意识异化而又克服异化的精神运动。就意识而言，"思考"就等于"存在"。所以，一旦迷失了人在实际上怎样地"存在"，即当他陷入了"丧失外界"情况的时候，他就不能不成为把"思考"直接当作"存在"的精神错乱者。

现实的人、劳动、生成、变化等都只是意识内在性的活动，正所谓"全部外化历史和外化的全部消除，不过是抽象的、绝对的思维的生产史，即逻辑的思辨的思维的生产史。因此，异化——它从而构成这种外化的以及这种外化之扬弃的真正意义——是自在和自为之间、意识和自我意识之间、客体和主体之间的对立，就是说，是抽象的思维同感性的现实或现实的感性在思想本身范围内的对立"②。自由、劳动、人在本性上应该都是存在论的概念，而这些关涉黑格尔哲学的存在论的萌芽又重新被装进了思辨神学的匣子里。

三　马克思的"劳动"：从"生"到"活"的存在理念

黑格尔哲学作为传统哲学的集大成者成为其后哲学难以逾越的高峰，只要我们期待发展传统式的新哲学，就不免要与黑格尔相遇，所以我们才会说以黑格尔之名，哲学完成了，终结了。那么，如何走出传统形而上学的牢笼禁锢，就成了马克思深入思考和解决

---

① ［德］海德格尔：《林中路》，孙周兴译，上海译文出版社2004年版，第215—216、218、197页。

② ［德］马克思：《1844年经济学哲学手稿》，人民出版社2000年版，第99页。

的问题。

在马克思看来，"对现实的描述会使独立的哲学失去生存环境，能够取而代之的充其量不过是从对人类历史发展的考察中抽象出来的最一般的结果。这些抽象本身离开了现实的历史就没有任何价值"①。马克思要向我们揭示的真正的本质在于"个人现在正在受着'抽象'的统治"。在他看来，"理性的抽象"的深层原因在于"以物的依赖性为基础的人的独立性"的生存状态，导致黑格尔的"抽象的精神劳动"的根源不在于黑格尔本人那种独特地对于"思辨"的喜好，而是现实生活中人的本质活动的异化。现实生活的异化导致了人们思想的异化。"思想独立于现实这一偏见，其本身也是由社会现实形成的"②。因此，在《巴黎手稿》中，马克思向我们揭示了现实的人在劳动中的真实状态和为这一现实生活状况进行辩护的国民经济学家们的伪善。

资本主义社会成问题的不仅是经济的事实和对象，而且是整个人的存在和"人的现实"。所以马克思指出，现实中的劳动是以一种异化的形式出现的。马克思从当前的经济事实出发，区分了四种异化的表现形式：（1）劳动与它所生产的产品之间的异化。工人创造的财富越多，生产的商品越多，他就越贫穷，越成为廉价的商品；劳动生产出的产品，作为一种异己的存在物同工人相对立，而这种异化不仅表现在结果上，而且表现在生产活动本身上。（2）劳动的异化。工人在劳动中不是肯定自己，而是否定自己；不是感到快乐，而是感到不幸；劳动不是出于自愿，而是被迫的，一旦劳动停止，人们才会感到如释重负；劳动不是属于自己的，而是别人的；只有运用诸如吃、喝、生殖等动物的机能时，才觉得自己是自由的活动。（3）人与人的类本质的异化。在改造对象的过程中，人才真正证明

---

① 《马克思恩格斯选集》（第 1 卷），人民出版社 1995 年版，第 73—74 页。
② ［英］特里·伊格尔顿：《马克思为什么是对的》，李杨等译，新星出版社 2011 年版，第 138 页。

自己是类的存在，生产本应是人的能动的类活动，但人的类生活却变成了维持人的肉体生存的手段。（4）人与他人的异化。自我异化只有在与他人的关系中才表现出来，每个人都被迫倾向于反对其他人。马克思又进一步向我们指出："劳动在国民经济学中仅仅以谋生活动的形式出现"；国民经济学家甚至公开承认"各国只是生产的工场；人是消费和生产的机器；人的生命就是资本；经济规律盲目地支配着世界。在李嘉图看来，人是微不足道的，而产品则是一切"①。不是人支配运用"资本"，而是抽象的存在——"资本"统治着人。异化劳动的结果是产生了私有财产，而私有财产作为人的自我异化又加剧了异化的程度。

异化体现的是人们现在所"是"的状况与人们所应该成为的状况之间的分裂。进而马克思又分析了社会财富的状态及工人生活的状态，当社会财富处于衰落状态中，工人可能遭受最大的痛苦；在财富增长的社会中，这可能算是对工人最有利的，但工人的结局仍然是劳动过度、早死甚至沦为资本的奴隶——无论是在社会财富处于衰落、增长还是达到完满的状态——工人所能收获的仍然仅仅是贫困，与此同时，只要被迫的强制劳动一停止，工人就像逃避瘟疫一样逃离劳动。对于资本家来说，人是微不足道的，财富才是一切。而国民经济学家却忽略这样的事实，把资本主义社会中的人及其生活现实的异化置于一种"虚构的原始状态"并加以科学的论证和掩盖。在马克思看来，这是国民经济学应该遭到批判的实质，"以劳动为原则的国民经济学表面上承认人，毋宁说，不过是彻底实现对人的否定而已"②。在马克思看来，人们应该成为的状况即真正意义上的劳动应该是体现人的本质的自由的有意识的生命活动。"诚然，劳动是劳动者的直接的生活来源，但同时也是他的个人存在的积极表

①　［德］马克思：《1844年经济学哲学手稿》，人民出版社2000年版，第15、32页。
②　同上书，第74页。

现"①。"我的劳动是自由的生命的表现,因此是生活的乐趣。""我在劳动中肯定了自己的个人生命,从而也就肯定了我的个性的特点。劳动是我真正的、活动的财产"②。劳动所创造的对象世界表现为"他的作品和他的现实"。劳动是一种"可感觉而又超感觉"的活动;劳动是满足人的生存的手段,但又不仅仅是手段,而是目的。手段和目的是内在合一的,劳动既是手段也是目的,它表征着人的存在方式,体现着人的生命活动。美好的生活应该是由人们自觉去做的事情所组成的,美好的生活本身就是一种目的。我们从事劳动,并不是出于任何外在因素,而是因为劳动本身就是人类自我实现的一部分,劳动体现的是人性的本质。正如伊格尔顿在其新书中写到的那样:"我们所熟知的'劳动'在马克思看来是一种异化的'praxis'——这个源于古希腊语的单词指的是一种自由的、自我实现的改造世界的活动"③。而对于这种合乎人性的自由劳动的实现,马克思指出:"共产主义是私有财产即人的自我异化的积极的扬弃,因而是通过人并且为了人而对人的本质的真正占有;因此,它是人向自身、向社会的即合乎人性的人的复归,这种复归是完全的、自觉的和在以往发展的全部财富的范围内生成的。"④ 只有共产主义才能消灭私有财产和异化劳动。马克思的哲学立场始终是为无产阶级人民服务的。

此外有人质疑,马克思在写作《巴黎手稿》时,还处在费尔巴哈人本学的影响之下,"自由劳动"还是马克思早期不成熟的想法,到了后期,马克思已经把注意力转向了经济学视域下的生产问题的研究,而抛弃了有着人本主义痕迹的"自由劳动",这种说法显然不能成立。可以说,马克思对于劳动的关注远远大于对经济因素的关注。

① [德] 马克思:《1844年经济学哲学手稿》,人民出版社2000年版,第174页。
② 同上书,第184页。
③ [英] 特里·伊格尔顿:《马克思为什么是对的》,新星出版社2011年版,第129页。
④ [德] 马克思:《1844年经济学哲学手稿》,人民出版社2000年版,第81页。

而劳动问题是与马克思关于实现人类解放和共产主义理想紧密联系在一起的,是关乎人类如何更好地生活的重要哲学见解。人类生而就是求知的动物,喜欢探究事物的意义,所以不论是劳动还是生产永远不可能只是单纯的物质问题或经济因素。"为生产而生产"那是对生产的片面和狭隘的理解,是资本主义的信条,绝不是马克思的本意。生产并不只是包装香肠、修理机器等物质活动,自由的自我实现同样也可以是一种"生产",所以说不管是劳动还是生产,都可以表征着人的自我实现的本质。与那些国民经济学家们把劳动看作诅咒不同,在马克思那里,"一个人'在通常的健康、体力、精神、技能、技巧的状况下',也有从事一份正常的劳动和停止安逸的需要……诚然,劳动尺度本身在这里是由外面提供的,是由必须达到的目的和为达到这个目的而必须由劳动来克服的那些障碍所提供的。但是克服这种障碍本身,就是自由的实现,而且进一步说,外在目的失掉了单纯外在自然必然性的外观,被看作个人自己提出的目的,因而被看作自我实现,主体的对象化,也就是实在的自由,——而这种自由见之于活动恰恰就是劳动"①。

　　哲学应当面对生活,人应当从"诸抽象的幽灵"中解放出来,从超自然的束缚中解脱出来。"人的思维是否具有客观的真理性,这不是一个理论的问题,而是一个实践的问题。人应该在实践中证明自己思维的真理性,即自己思维的现实性和力量,自己思维的此岸性。关于思维——离开实践的思维——的现实性或非现实性的争论,是一个纯粹经院哲学的问题"②。所以,"哲学"在马克思那里发生了重大变化,马克思已不仅仅局限于从纯粹思想的层面来思考问题,而是将"哲学"奠基于现实的历史和社会生活世界之中,所以存在也不再是"追求最高因"的理念或绝对理念,而是人们的现实生活过程。马克

---

① 《马克思恩格斯全集》(第30卷),人民出版社1995年版,第615页。
② 《马克思恩格斯选集》(第1卷),人民出版社1995年版,第55页。

思注重的是"改变世界"的现实性与力量。不论是理论还是观念都是自己时代物质生活的理论反映,因此,他更关注的是一个"以物质利益和物质生产关系所决定的现实的领域",即"人们为了能够'创造历史',必须能够生活。但是为了生活,首先就需要吃喝住穿以及其他一些东西。因此第一个历史活动就是生产满足这些需要的资料,即生产物质生活本身……因此任何历史观的第一件事情就是必须注意上述基本事实的全部意义和全部范围,并给予应有的重视"①。在此,我们的出发点是"现实的个人",这些个人不是在云端,而是在社会中真实地进行物质生产的个人,马克思的本意很明确,即我们不要忽略这样的事实:人就是这样一种特殊的存在者——以生产活动为存在方式的,人是什么样的,完全是与他如何表现自己的生活联系在一起的,完全是与他的劳动相一致的。由此,马克思所理解的"对象化活动"就是人的"现实的历史"的展现,即"现实的、肉体的、站在坚实的呈圆形的地球上的呼入和呼出一切自然力的人"所遭遇的"一个真实的世界","整个所谓世界历史不外是人通过人的劳动而诞生的过程,是自然界对人来说的生成过程"②。人的"存在"就是人们的"现实生活过程",而"现实生活过程"的根基不再是思想奠基的客观性,而是"劳动"——物质生活资料的生产。可以说在马克思那里,满足人的自然需求的物质生产过程,被提升为具有本体论意义的活动。不可否认,人有自然属性,人想要在这个世界上生存,就必须要劳动,劳动是为了满足人的生存需要,所以人在本质上就是个劳动者、生产者。现实的个人在生产劳动中表现和发展着自己,并开启着世界,是自然和存在自身显现的过程,是存在的到场。不是思想,不是神,而是劳动才给人以真实的存在感,才使人真实地感受到存在本身。用马克思的话说,即"个人怎

---

① 《马克思恩格斯选集》(第 1 卷),人民出版社 1995 年版,第 79 页。
② [德]马克思:《1844 年经济学哲学手稿》,人民出版社 2000 年版,第 92 页。

样表现自己的生活，他们自己就是怎样。因此，他们是什么样的，这同他们的生产是一致的——既和他们生产什么一致，又和他们怎样生产一致。因而，个人是什么样的，这取决于他们进行生产的物质条件"①。也只有在揭示出物质生产过程的必然规律性之后，才会有思想过程的客观必然性。

第三节　《资本论》的逻辑：作为认识论和逻辑学的辩证法

> 虽说马克思没有遗留下"逻辑"（大写字母的），但他遗留下《资本论》的逻辑，应当充分地利用这种逻辑来解决这一问题。在《资本论》中，唯物主义的逻辑、辩证法和认识论〔不必要三个词：它们是同一个东西〕都应用于一门科学，这种唯物主义从黑格尔那里吸取了全部有价值的东西并发展了这些有价值的东西。②
>
> ——列宁《黑格尔辩证法〈逻辑学〉的纲要》

到底什么是"《资本论》的逻辑"？应该如何理解《资本论》研究的这个列宁之谜？这将是本章所要探讨的中心问题。列宁首次提出的"《资本论》的逻辑"，并不是指一般意义上类似形式逻辑、辩证逻辑那样纯粹研究思维形式的逻辑，而是指它们和包括唯物主义认识论在"同一门科学"，即政治经济学研究中的应用，它是马克思应用自己的辩证法、认识论和辩证逻辑思想来研究政治经济学这门科学时所集中表现出来的一种特殊形式。简而言之，《资本论》的逻辑就是马克思作为认识论和逻辑学的辩证法。

---

① 《马克思恩格斯选集》（第 1 卷），人民出版社 1995 年版，第 67—68 页。
② ［俄］列宁：《哲学笔记》，人民出版社 1993 年版，第 290 页。

一 《资本论》的逻辑:《资本论》 与逻辑学

不钻研和不理解黑格尔的全部逻辑学,就不能完全理解马克思的《资本论》,特别是它的第 1 章。因此,半个世纪以来,没有一个马克思主义者是理解马克思的!!①

——列宁《黑格尔〈逻辑学〉一书摘要》

马克思的《资本论》也是关于"资本"的逻辑学,与黑格尔《逻辑学》探讨人类思维形式的一般规律不同,马克思始终关注的是人类社会的现实问题,他不愿意自己的思路被引向抽象的学院化的方向,所以《资本论》具体体现的是对资本主义形态分析中的历史唯物主义和辩证唯物主义的逻辑学。恩格斯就说过,马克思"从黑格尔逻辑学中把包含着黑格尔在这方面的真正发现的内核剥出来,使辩证法摆脱它的唯心主义的外壳并把辩证方法在使它成为唯一正确的思想发展形式的简单形态上建立起来。马克思对于政治经济学的批判就是以这个方法作基础的"②。马克思在给恩格斯的信中写道:"在象我这样的著作中细节上的缺点是难免的。但是结构,整个的内部联系是德国科学的辉煌成就,这是单个的德国人完全可以承认的,因为这决不是他的功绩,而是全民族的功绩。"③ 把资本主义经济的生产样式抽象地表现出来的,正是黑格尔的观念论,特别是《逻辑学》。可以说,《资本论》的逻辑是合理形态的黑格尔逻辑的发挥。列宁曾对马克思的《资本论》所运用的方法作了简要和深刻的概括,他说:"马克思在《资本论》中首先分析资产阶级社会(商品社会)里最简单、最普通、最基本、最常见、最平凡、碰到过亿万次的关系:商品交

---

① 〔俄〕列宁:《哲学笔记》,人民出版社 1993 年版,第 151 页。
② 〔德〕《马克思恩格斯选集》(第 2 卷),人民出版社 1995 年版,第 43 页。
③ 〔德〕《马克思恩格斯〈资本论〉书信集》,人民出版社 1976 年版,第 202 页。

换。这一分析从这个最简单的现象中（从资产阶级社会的这个'细胞'中）揭示出现代社会的一切矛盾（或一切矛盾的萌芽）。往后的叙述向我们表明这些矛盾和这个社会——在这个社会的各个部分的总和中、从这个社会的开始到终结——的发展（既是生长又是运动）"①。从列宁的这段话中我们可以看出，马克思在《资本论》中所运用的方法有两个特点：一是从抽象到具体的方法；二是把概念、范畴的推演看成由于内在矛盾而不断发展的矛盾分析法，这显然渊源于黑格尔的逻辑学。

（一）《资本论》的逻辑的理论自觉：逻辑的外延与内涵的统一

恩格斯在谈到科学与哲学的分化问题时曾作过这样的论断，他说："在以往的全部哲学中仍然独立存在的，就只有关于思维及其规律的学说——形式逻辑和辩证法。其他一切都归到关于自然和历史的实证科学中去了。"② 在这里需要澄清的是，并不是说，哲学只研究思维规律，不研究自然和社会，那绝不是马克思的哲学，在马克思眼里，哲学作为思维的科学，它就是以感性为中介而对心外存在——自然与社会的统一体的关系进行思维的科学，在这个定义里，已经内在地把自然观与社会观的统一体包含其中了。恩格斯把哲学看作关于思维及其规律的学说，分为形式逻辑和辩证法，这是迄今为止发展着的科学和哲学都予以肯定的观点。形式逻辑可以看作外延逻辑，而辩证法是内涵逻辑。何为外延逻辑？何为内涵逻辑？二者划分的根据何在？对于我们理解马克思的《资本论》有什么深层意义呢？这正是本节要探讨的问题。

我们知道西方哲学的传统，哲学作为科学的科学，要为科学奠基，就必须说明知识本身、知识的有效性和真理性，而这种说明是由逻辑承担的，人们把知识活动看作逻辑思维活动，并通过建立某种逻

---

① ［俄］列宁：《哲学笔记》，人民出版社1993年版，第307页。
② 《马克思恩格斯选集》（第3卷），人民出版社1995年版，第364页。

辑的学说来说明它的规律，由此西方哲学的发展表现为逻辑的发展。

关于逻辑的概念有一个发展的过程，它表现为一个由原逻辑到外延逻辑再到内涵逻辑的进化。逻辑（logic），海德格尔曾作过考证式分析，它源于古希腊的逻各斯（logos），是逻各斯之学，先有 logos，后有 logic，那么所谓原逻辑就是指逻辑处于逻各斯阶段，它被理解为尺度，没有内涵和外延的区分，或者说潜在的是内涵与外延的统一。直至亚里士多德全面系统地研究了逻辑思维问题，创立了西方逻辑史上第一个逻辑科学的类型——形式逻辑，可以说传统形式逻辑的内容基本上被亚里士多德规定了下来，它因抽去感性和任何经验内容，仅仅与思维的形式——概念、判断、推理及其相互关系的抽象规定打交道，而具有先天的普遍必然性。其思维形式是根据概念的外延关系而设定的，在此意义上，我们也可以说形式逻辑是一种外延逻辑。概念本身有内涵和外延两种属性。概念的内涵是指概念的本质规定，通俗讲就是"定义"；概念的外延则是这一本质规定所由以概括和说明的范围。"三段论是一种论证（logos），其中只要确定某些论断、某些异于它们的事物便可以必然地从如此确定的论断中推出。所谓'如此确定的论断'，我的意思是指结论通过它们而得出的东西，就是说，不需要其他任何词项就可以得出必然的结论"①。也就是说，语义分析的结论项的主词总是作为三段论的大前提——主词概念的外延中的某个个体而存在的，如"人皆有死，苏格拉底是人，所以苏格拉底有死"。因此结论项的内容在未经"推理"之前就已经包含在前提中了。所以它只能说明已有的知识，而不能产生新的知识。对于形式逻辑来讲，推论的模式、思维的法则（形式）变成了推论的本性，而推论作为活生生的活动（内容）却被人遗忘了。用康德的话来说，即"真理的纯逻辑标准，即一种知识与知性和理性的普遍的、形式的

---

① 苗力田主编：《亚里士多德全集》（第一卷），中国人民大学出版社 1990 年版，第 84—85 页。

规律相一致，虽然是一切真理的必要条件，从而是消极的条件，但逻辑却不能走得更远，逻辑不能凭借任何试金石来揭示不涉及形式、而是涉及内容的错误"①。脱离内涵，只从外延进行推理，仍有可能与其对象、内容相矛盾而不成其为真理。

由此看来，逻辑作为真理的逻辑，不能只是外延的，它更应该是一种内涵逻辑，而内涵逻辑的合理形式，亦即内涵逻辑作为辩证法，是由黑格尔达到的。内涵逻辑本身不只是形式的，而且本身还是含有内容的，是内容与形式相统一的逻辑。针对之前的逻辑发展史，黑格尔总结道："逻辑自亚里士多德以来，就没有经受过变化——如果查一查近代逻辑纲要，则变化事实上常常只是作些省略，——那么，从这里所应得的结论，不如说是逻辑更需要一番全盘改造……批判哲学诚然已经使形而上学成为逻辑，但是……由于害怕客体，便给与逻辑规定以一种本质上是主观的意义"②。"谢林诚然一般地具有对立统一的哲学观念，但他没有把这个观念按一定的逻辑方式加以彻底论证，他的同一性原则缺乏证明"③。黑格尔为自己提出的任务就是，"为了使逻辑的枯骨，通过精神，活起来成为内容和含蕴，逻辑的方法就必须是那唯一能够使它成为纯科学的方法"，"方法就是关于逻辑内容的内在自身运动的形式的意识"，"这正是内容在自身所具有的、推动内容前进的辩证法"④。可见，黑格尔为"枯骨的逻辑"注入了能动性，注入了内容。形式逻辑要求思维的一贯性和必然性，不承认矛盾命题的逻辑合理性，所以形式逻辑的同一律这个命题的正面说法是 A = A，说这条思维规律没有内容，引导不出什么东西，是对的，但深入分析，这一思维规律本身也是有问题的，如"A = —"这一开

① ［德］康德：《纯粹理性批判》，李秋零译，中国人民大学出版社2004年版，第88页。
② ［德］黑格尔：《逻辑学》（上卷），杨一之译，商务印书馆1966年版，第33页。
③ 参见［德］黑格尔《哲学史讲演录》（第4卷），贺麟、王太庆译，商务印书馆1959年版，第354页。
④ ［德］黑格尔：《逻辑学》（上卷），杨一之译，商务印书馆1966年版，第35—37页。

端，本来是准备有所言说并作出进一步规定的，但当只有同一事物重复，即 A＝A 时，却反而出现了相反的东西，即什么也没有发生。所以，这样的同一说法，本身也是有矛盾的，殊不知同一本身就是绝对地非同一，矛盾是属于思维规定的本性的。"A＝A 的真实形式在黑格尔那里应该是 A＝?，? ＝A"，其中的"?"正是同一律走出自身无差别的、指向内容的潜伏着的无限形式的能动本性。用黑格尔的话来说就是："同一命题的另一种说法：A 不能又是 A 又非 A，它具有否定的形式，叫做矛盾命题……在矛盾命题里，说出了 A 和一个非 A，即 A 的纯粹他物；但是这个非 A 只是为了要消逝才出现的。所以，在这个命题中，同一表现为——否定之否定。A 和非 A 是有区别的，这些有区别的东西，又都与同一个 A 有关系。所以，同一在这里表现为一个关系中的区别性，或者说，表现为在 A 和 -A 本身中单纯的区别。"① 所以不要把同一单纯地认作只是抽象的同一，它们同时也包含差别在自身内，差别不是别的什么，就是内容。而《逻辑学》的诸范畴正是黑格尔最关心的思维内容，"就内容与形式在科学范围内的关系而论，我们首先须记着哲学与别的科学的区别。后者的有限性，即在于，在科学里，思维只是一种单纯形式的活动……因而形式与内容并不充分地互相渗透。反之，在哲学里并没有这种分离"②。因此，黑格尔的思辨逻辑或者说辩证逻辑是一种内涵逻辑。内涵逻辑并不排斥外延逻辑，更确切地说，它是对外延逻辑的一种补充，内涵逻辑揭示思维结构形式的普遍思想内容，但它并不违背思维结构的形式规律。辩证法作为内涵逻辑，由于它仅舍去各种思想的特殊内容，而不舍去各种思想的普遍内容，以揭示思维在其对感性关系中这种普遍思想内容的逻辑结构为其研究对象，所以它是在形式逻辑的思维结构形式中运动着、发展着的认识活动本身，是这认识活动本身所具有

---

① ［德］黑格尔：《逻辑学》（下卷），杨一之译，商务印书馆 1966 年版，第 36 页。
② ［德］黑格尔：《小逻辑》，贺麟译，商务印书馆 1980 年版，第 280 页。

的思想内容的一种逻辑。"所以思辨的逻辑，包含有以前的逻辑与形而上学，保存有同样的思想形式、规律和对象，但同时又用较深广的范畴去发挥和改造它们"①。黑格尔的逻辑学是研究思维及其规定和规律的科学，而关于思维规律的学说，就是形式逻辑与辩证逻辑的统一、外延逻辑与内涵逻辑的统一。这个统一性，必然是以思维规律的历史环节为基础的，有其不同的形式，所以恩格斯说："每一个时代的理论思维，从而我们时代的理论思维，都是一种历史的产物，它在不同的时代具有完全不同的形式，同时具有完全不同的内容。因此，关于思维的科学，也和其他各门科学一样，是一种历史的科学，是关于人的思维的历史发展的科学"②。

　　马克思《资本论》的逻辑正是立于黑格尔"思想"的内涵逻辑之上的。"思想"的内涵逻辑是黑格尔以哲学的方式表征他所生活于其中的资本主义社会的内在矛盾，"概念"成为规范一切生活领域的意识形态，这是马克思所理解的黑格尔哲学，但马克思已不想只在意识的内在性领域内打转，"也许历史是马克思极感兴趣的唯一事物"。关于"历史"，马克思和恩格斯都曾明确指出："'历史'并不是把人当做达到自己目的的工具来利用的某种特殊的人格。历史不过是追求着自己目的的人的活动而已。"③ 在马克思那里，"历史"就是人们的存在，就是人的现实生活过程，"历史"才是马克思所关切的"存在"。而马克思的《资本论》正是这样一种关于"存在"的哲学巨著，这个由经济范畴构成的宏伟的理论体系对现实的描述，在人类思想史上史无前例地揭示了"物和物的关系"掩盖下的"人和人的关系"，所以马克思的逻辑是以巨大的现实性或者说历史感为基础的。马克思破除了黑格尔辩证法的神秘形式，把黑格尔"思想"的内涵逻辑改造成了"历史"的内涵逻辑，所以马克思立于黑

---

① ［德］黑格尔：《小逻辑》，贺麟译，商务印书馆1980年版，第49页。
② 《马克思恩格斯选集》（第4卷），人民出版社1995年版，第284页。
③ 《马克思恩格斯全集》（第2卷），人民出版社1957年版，第118—119页。

格尔内涵逻辑之上的已不再是所谓"思想"的内涵逻辑，而是"历史的内涵逻辑"，是"存在论"的逻辑。

（二）辩证法的套用：蒲鲁东的"政治经济学的形而上学"

马克思的《哲学的贫困：答蒲鲁东先生的〈贫困的哲学〉》以论战的形式批判了小资产阶级经济学家蒲鲁东，而马克思之所以批判蒲鲁东的经济学，是因为马克思发现资本主义经济学方法论中隐含的深层唯心主义恰是黑格尔哲学。更进一步说，蒲鲁东用黑格尔哲学框架建构出来的政治经济学体系是对黑格尔方法的误用甚至歪曲，它没有真正吸收黑格尔辩证法的合理内核，只是从黑格尔的辩证法那里借用了术语，把黑格尔辩证法运用到政治经济学的范畴上面，得出的却是"政治经济学的形而上学"。

黑格尔作为古典哲学的集大成者，以思想的辩证运动来克服和改造传统形而上学的抽象和僵化，但黑格尔仍然是一个形而上学家，最终仍没有走出意识的内在性。他强调概念的历史运动，但在他那里，历史是屈从于逻辑和概念的，"在最后的抽象（因为是抽象，而不是分析）中，一切事物都成为逻辑范畴，这用得着奇怪吗？如果我们逐步抽掉构成某座房屋个性的一切，抽掉构成这座房屋的材料和这座房屋特有的形式，结果只剩下一个物体；如果把这一物体的界限也抽去，结果就只有空间了；如果再把这个空间的向度抽去，最后我们就只有纯粹的量这个逻辑范畴了，这用得着奇怪吗？用这种方法抽去每一个主体的一切有生命的或无生命的所谓偶性，人或物，我们就有理由说，在最后的抽象中，作为实体的将是一些逻辑范畴。所以形而上学者也就有理由说，世界上的事物是逻辑范畴这块底布上绣成的花卉：他们在进行这些抽象时，自以为在进行分析，他们越来越远离物体，而自以为越来越接近，以至于深入物体"①。在黑格尔看来，形而上学乃至整个哲学，都是概括在方法里面的。"方法是任何事物所

---

① 《马克思恩格斯选集》（第 1 卷），人民出版社 1995 年版，第 138—139 页。

不能抗拒的一种绝对的、唯一的、最高的、无限的力量；这是理性企图在每一个事物中发现和认识自己的意向。"① 黑格尔的辩证法作为概念的自我否定、自我发展和运动本来是要反对和超越传统僵化、抽象的形而上学的，但却由于黑格尔自身的泛逻辑主义和唯心主义，最后达成的是辩证法与形而上学的"合流"。这个"合流"的实质，是以概念的由"抽象的同一性"（抽象的普遍性）到"具体的同一性"（具体的普遍性）的矛盾运动来展现"最高原因的基本原理"。"把形而上学变成概念辩证法，这是形而上学所能达到的最高境界，因而是形而上学的'完成'"②。可以说，这既是对传统形而上学的否定，又是传统形而上学的完成。

黑格尔把事物的原因都归结为逻辑范畴，把任何一种运动、任何一种生产行为都归结为方法，那么很自然地，生产、事物和运动的总和都可以归结为应用的形而上学。黑格尔为宗教、法等做过的事情，资产阶级的经济学家蒲鲁东也想在政治经济学的领域内如法炮制，把分工、信用、货币等资产阶级生产关系说成固定的、不变的、永恒的范畴，"这里我们论述的不是与时间次序相一致的历史，而是与观念顺序相一致的历史，各经济阶段或范畴在出现时有时候是同时代的，有时候又是颠倒的……不过，经济理论有它自己的逻辑顺序和理性中的系列，值得夸耀的是，经济理论的这种次序已被我们发现了"③。蒲鲁东把社会关系看成不证自明的原理，现实关系只是一些原理和范畴的化身，而他只要用哲学来编一下次序就行了。对此，马克思指出，"每一个社会中的生产关系都形成一个统一的整体。蒲鲁东先生把种种经济关系看作同等数量的社会阶段，这些阶段互相产生，像反题来自正题一样一个来自一个，并在自己的逻辑顺序中实现着无人身

---

① 《马克思恩格斯选集》（第 1 卷），人民出版社 1995 年版，第 139 页。

② 参见孙正聿《辩证法：黑格尔、马克思与后形而上学》，《中国社会科学》2008 年第 3 期。

③ 《马克思恩格斯选集》（第 1 卷），人民出版社 1995 年版，第 137 页。

的理性"①。在黑格尔的方法中，合理的东西和不合理的东西是交织在一起的，蒲鲁东炮制了黑格尔的泛逻辑主义，但却丢掉了黑格尔哲学中真正有价值的东西。黑格尔的辩证法是以矛盾、自否定为前提的，那让我们看看蒲鲁东先生是如何应用了黑格尔的辩证法却又把它降到极可怜的程度的。蒲鲁东眼中的辩证运动只不过是机械地划分出好和坏而已，好的方面和坏的方面、益处和害处加在一起就构成每个经济范畴所固有的矛盾，解决的办法就是保存好的方面，消除坏的方面。我们看到的已经不是由于自己的矛盾本性而设定自己并把自己与自己对立起来的范畴，而是把好的方面和坏的方面加以对比，消除坏的方面，并且把一个范畴用作另一个范畴的消毒剂，对此马克思指出："谁要给自己提出消除坏的方面的问题，就是立即切断了辩证运动。"② 因为范畴不再有自发的运动，观念也不再发生作用，不再有内在的生命，它变成了一个"脚手架"。在此，蒲鲁东已经完全背弃了黑格尔的辩证法，经济的进化不再是黑格尔意义上理性本身的进化了。那么，蒲鲁东给我们留下了什么呢？是现实的历史吗？不，是他本身矛盾的历史。蒲鲁东为了越过他的一切矛盾，发明了一种新理性，马克思批评道："这种理性在蒲鲁东先生的笔下最初间或写作'社会天才'、'普遍理性'，最后又写作'人类理性'。然而这种名目繁多的理性在任何情况下都可以被人们认出是蒲鲁东先生的个人理性，它有好的和坏的方面，有消毒剂也有问题。"③ 为此，马克思以竞争和垄断为例，具体说明了为什么现实生活中发生的辩证法同蒲鲁东按照黑格尔的方式从头脑中制造出来的辩证法是不同的。竞争是从封建垄断中产生出来的，可以说，竞争从一开始就是垄断的对立面，而不是相反，因此，现代垄断并不像蒲鲁东所断言的那样是什么单纯的反题，而是真正的合题。以垄断的统治为前提的现代垄断，既是对

---

① 《马克思恩格斯选集》（第 1 卷），人民出版社 1995 年版，第 142 页。
② 同上书，第 144 页。
③ 同上书，第 148 页。

封建垄断的否定，与此同时，它既然是垄断，所以就否定竞争。马克思得出结论："在实际生活中，我们不仅可以找到竞争、垄断和它们的对抗，而且可以找到它们的合题，这个合题并不是公式，而是运动。垄断产生着竞争，竞争产生着垄断。垄断者彼此竞争着，竞争者变成了垄断者……合题就是：垄断只有不断投入竞争的斗争才能维持自己。"①

在此，我们看到，马克思是在两个战场上作战：既反对站在唯心主义立场上玩弄辩证法术语，又反对陷入把范畴变成僵死的、不灵活的、愚蠢的形而上学。

（三）《资本论》的科学抽象法：历史的内涵逻辑

> 分析经济形式，既不能用显微镜，也不能用化学试剂。二者都必须用抽象力来代替。②
>
> ——《资本论》第一版序言

马克思曾经说过，对资本主义社会经济形式的分析，既不能用显微镜，也不能用化学试剂，而要用抽象力。这里所言的抽象力是指主体理论思维的能力，《资本论》的研究方法，也主要体现在这种理论思维中。所谓的"科学抽象"，就是指为了某一特定的目的，对一定的现象进行判断、推理，形成概念，然后通过概念的运动，即它的展开：过渡、中介和发展来规定事物的本质，从而说明现象的过程。具体来说就是对社会的研究从感性具体出发，经过分析上升到理性抽象，然后在抽象的基础上，经过综合，最后形成理性的具体。它沿着两条道路前行："在第一条道路上，完整的表象蒸发为抽象的规定；在第二条道路上，抽象的规定在思维行程中导致具体的再现。"③"从

---

① 《马克思恩格斯选集》（第1卷），人民出版社1995年版，第176页。
② ［德］马克思：《资本论》（第一卷），人民出版社2004年版，第8页。
③ 《马克思恩格斯全集》（第30卷），人民出版社1995年版，第42页。

抽象上升到具体的方法"才是"科学上正确的方法",也是研究政治经济学的科学方法。

马克思对自己所运用的科学抽象法,作过这样的概括说明,他说:"当我们从政治经济学的角度考察某一国家的时候,我们从该国的人口,人口的阶级划分,人口在城乡、海洋、在不同生产部门的分布,输出和输入,全年的生产和消费,商品价格等等开始"①。人口、人口的阶级等这些都是具体的现象,也是政治经济学研究的起点,但它并不是马克思所说的科学抽象方法叙述的起点。之后马克思解释道:"从实在和具体开始,从现实的前提开始,因而,例如在经济学上从作为全部社会生产行为的基础和主体的人口开始,似乎是正确的"②。不错,从感性具体出发,对"混沌的表象""生动的整体"进行分析,形成抽象的规定,18世纪以前的社会科学家对社会的研究走的就是从感性具体到抽象规定的道路。"17世纪的经济学家总是从生动的整体,从人口、民族、国家、若干国家等等开始;但是他们最后总是从分析中找出一些有决定意义的抽象的一般的关系,如分工、货币、价值等等。"③ 在这里,人口、民族、国家都是感性具体,分工、货币、价值是抽象规定。但是,更仔细地考察起来,这或许只是再现"具有许多规定和关系的丰富的总体"的前提。如果"抛开构成人口的阶级,人口就是一个抽象。如果我不知道这些阶级所依据的因素,如雇佣劳动、资本等等,阶级又是一句空话。而这些因素是以交换、分工、价格等等为前提的。比如资本,如果没有雇佣劳动、价值、货币、价格等等,它就什么也不是"④。"因此,如果我从人口着手,那么,这就是关于整体的一个混沌的表象,并且通过更切近的规定我就会在分析中达到越来越简单的概念;从表象中的具体达到越来

---

① 《马克思恩格斯全集》(第30卷),人民出版社1995年版,第41页。
② 同上。
③ 同上书,第41—42页。
④ 同上书,第41页。

越稀薄的抽象,直到我达到一些最简单的规定。于是行程又得从那里回过头来,直到我最后又回到人口,但是这回人口已不是关于整体的一个混沌的表象,而是一个具有许多规定和关系的丰富的总体了"①。抽象不能只停留在抽象,而是要再上升到理性具体的,也就是说:从人本身出发来考察人,"人本身"就是一个抽象,一个"混沌的表象",从这里出发所形成的仍然是对人的抽象的理解,只有从关于人的种种规定——首先是最重要的经济范畴出发,才能形成对人的具体的理解。马克思指出,"从抽象上升到具体的方法,只是思维用来掌握具体,把它当作一个精神上的具体再现出来的方式"②。而"具体之所以具体,因为它是许多规定的综合,因而是多样性的统一。因此它在思维中表现为综合的过程,表现为结果"③。"综合"表现的是概念的运动过程,是概念、判断、推理展开的过程。

马克思之所以使用"抽象力"来分析经济形式,是要归功于黑格尔的思辨方法。海德格尔就曾指出马克思的整个哲学方法基本上来源于黑格尔的思辨抽象:"对于马克思来说,存在就是生产过程。这个想法是马克思从形而上学那里,从黑格尔的把生命解释为过程那里接受来的。生产之实践性概念只能立足在一种源于形而上学的存在概念上"④。立足于此,海德格尔说道:"如果没有黑格尔,马克思是不可能改变世界的。"马克思在对资本主义社会经济运行规律的研究中,科学抽象的作用就在于从具体的经济现象中概括出其本质的属性,揭示经济现象中的相互关系,说明经济运行的原因和结果、过程与趋势、内容与形式等一般性的必然联系。因此,马克思的《资本论》可以看作黑格尔逻辑学的类似现象,如列宁所说的"大写的逻辑"。从总体上看,马克思的科学抽象的基本环节包括:确定起点范畴、展

---

① 《马克思恩格斯全集》(第 30 卷),人民出版社 1995 年版,第 41 页。

② 同上书,第 42 页。

③ 同上。

④ 《晚期海德格尔的三天讨论班纪要》,《哲学译丛》2001 年第 3 期。

开中介范畴和发展终点范畴三个环节。起点范畴，指在方法运行中作为逻辑起点的规定，作为整个理论出发点的起点范畴，规定着理论体系的运行及其内在的矛盾性，它是事物的本质规定，从中包含的是该领域的一切矛盾或矛盾的"胚芽"，往后的矛盾运动都是从中生长、发展、演化而来的。如黑格尔逻辑学中的"纯存在"，在马克思政治经济学中则是"商品"，原初的开始也是高度抽象的，这一抽象表明了在其研究领域内它不需要用其他的事物和属性来解释自己，而它却能解释和说明其他事物和属性。正如黑格尔所说的"凡有限之物莫不扬弃其自身。因此，辩证法构成科学进展的推动的灵魂"①。作为《资本论》研究起点的商品是被抽象地掌握了它的内在联系的或作为社会关系的"商品一般"，它是"简单商品"和"资本主义经济"的细胞形式，看似简单而平凡，却充满着形而上学和神学的微妙。而商品的简单价值形式中本身就蕴含着其完成形式——货币形式。中介范畴是潜在于起点范畴中的尚未展开的"胚芽"，随着起点范畴运动的不断展开，中介范畴也就显现出来，如从商品这一细胞形式中，分析出使用价值和价值，从简单的价值形式中经过总和的或扩大的价值形式、一般价值形式发展出货币形式，货币在一定条件下又转化为资本。我们看到起点经过中介的"逻辑演化"形成了一环连一环的逻辑整体，以细胞形式存在的抽象规定逐渐展开自身的矛盾，显示出自身的丰富性，从而更逼近思维中的具体。终点范畴是抽象到具体的逻辑终点，是理性具体的展现，是许多规定性的总和，终点也就是向起点的回溯。用黑格尔的话说就是："必须承认以下这一点是很重要的观察，——它在逻辑本身以内将更明确地显示出来，——即：前进就是回溯到根据，回溯到原始的和真正的东西；被用作开端的东西就依靠这种根据，并且实际上将是由根据产生的。"② 从起点到终点的每

① ［德］黑格尔：《小逻辑》，贺麟译，商务印书馆1980年版，第176页。
② ［德］黑格尔：《逻辑学》（上卷），杨一之译，商务印书馆1966年版，第55页。

一步，实际上都是向起点的回溯，是起点内在矛盾的全面展示。列宁也指出："思维从具体的东西上升到抽象的东西时，不是离开——如果它是正确的（注意）（而康德，象所有的哲学家一样，谈论正确的思维）——真理，而是接近真理。物质的抽象，自然规律的抽象，价值的抽象等等，一句话，那一切科学的（正确的、郑重的、不是荒唐的）抽象，都更深刻、更正确、更完全地反映着自然。从生动的直观到抽象的思维，并从抽象的思维到实践，这就是认识真理、认识客观实在的辩证的途径。"①

《资本论》是运用科学抽象法的典范。在《资本论》中，第一卷第一篇"商品和货币"揭示的是资本存在的前提，它是《资本论》整个体系的"胚芽"，其后的篇章谈货币转化为资本、剩余价值的生产、资本的积累，其所要揭示的是资本的本质；第二卷考察资本流通，揭示资本的现象；第三卷揭示和说明的是作为整体的资本运动过程中产生的各种具体形式。可见，马克思的《资本论》正是通过"存在"—"本质"—"现象"这些环节，把资本的产生、发展和内在矛盾充分地展示了出来。对此，列宁给出了结论性的论断："概念（认识）在存在中（在直接的现象中）揭露本质（因果、同一、差别等规律）——整个人类认识（全部科学）的一般进程确实如此。自然科学和政治经济学［以及历史］的进程也是如此。所以，黑格尔的辩证法是思想史的概括。从各门科学的历史来更具体地更详尽地研究这点，会是一个极有裨益的任务。总的说来，在逻辑中思想史应当和思维规律相吻合"②。不可否认，我们在马克思的科学抽象法中处处能看到黑格尔《逻辑学》的影子，所以列宁才会说："不理解黑格尔的全部逻辑学，就不能完全理解马克思的《资本论》。"但马克思毕竟是马克思，他不仅要"解释世界"，还要"改变世界"。在这里，

---

① ［俄］列宁：《哲学笔记》，人民出版社1993年版，第142页。
② 同上书，第289页。

马克思的科学抽象法虽然吸收了黑格尔辩证法的合理内核,但二者已经有了本质的不同。黑格尔的逻辑学是以抽象的形式表现出来的资本主义的生产样式,但是黑格尔到最后也没有走出意识的内在性,他的方法是内在统一于观念的,方法为了体系的需要而必然服从于一种形而上学的神学虚构。而马克思运用辩证法对资本的分析,表面看来是一种纯概念的运动,实际这种概念运动是奠定在对历史真实本质的剖析之上的,它实现的是对资本主义社会经济运行规律的科学解剖,因此是合理形态的历史辩证法。

二 《资本论》的逻辑:批判的、革命的辩证法

辩证法,在其合理形态上,引起资产阶级及其空论主义的代言人的恼怒和恐怖,因为辩证法在对现存事物的肯定的理解中同时包含对现存事物的否定的理解,即对现存事物的肯定的理解中同时包含对现存事物的否定的理解,即对现存事物的必然灭亡的理解;辩证法对每一种既成的形式都是从不断的运动中,因而也是从它的暂时性方面去理解;辩证法不崇拜任何东西,按其本质来说,它是批判的和革命的。①

——《资本论》第二版跋

(一) 马克思辩证法的宏观考察:《资本论》的构成

马克思的《资本论》是对经济现实的描述,但他绝不是"无批判的实证主义",而是批判的、革命的辩证法。可以说,马克思的《资本论》实际上就是马克思的辩证法;马克思之所以没有再写专门研究辩证法的小册子,并非没有足够的时间,这样的说法显然是牵强的。实际上,从马克思本人的旨趣来看,辩证法在其形式上,黑格尔

---

① [德] 马克思:《资本论》(第一卷),人民出版社 2004 年版,第 22 页。

的概念辩证法已经完成了，自己也没有必要再写像黑格尔《逻辑学》那样的著作；而在内容上，马克思对资本主义社会实质的研究和分析，就是辩证法的具体实现。"正是《资本论》体现了这个本质上是批判的、革命的辩证法，辩证法正是在《资本论》中展现了自己的批判的、革命的本质；离开《资本论》，马克思并没有为我们提供现成的辩证法著作，而研究马克思的辩证法，最基本和最重要的文献就是《资本论》"[①]。这也许是马克思没有专门写有关辩证法的小册子的真正缘由，对此，苏联哲学家凯德洛夫的解释也是很有信服力的："马克思通过其他形式，即转换一种方式已经实现了自己撰写辩证法的设想"[②]。

在此，我们首要分析一下《资本论》整体结构的框架，也就是经济范畴的内涵式发展关系：

（马克思）第一册：资本的生产过程

第一篇，商品和货币（W→G）

第二篇，货币转化为资本（G→C）

第三、四、五篇，绝对剩余价值的生产、相对剩余价值的生产和对二者的综合考察

第六篇，工资

第七篇，资本的积累过程

（恩格斯）第二册：资本的流通过程

第一篇，资本形态变化及其循环

第二篇，资本周转

第三篇，社会总资本的再生产和流通

第三册：资本主义生产的总过程

第一篇，剩余价值转化为利润和剩余价值率转化为利润率

---

① 孙正聿：《怎样理解马克思的哲学革命》，《吉林大学社会科学学报》2005年第3期。

② 参见［苏］凯德洛夫《论辩证法的叙述方式》，中国社会科学出版社1986年版，第6页。

第二篇，利润转化为平均利润

第三篇，利润率趋向下降的规律

第四篇，商品资本和货币资本转化为商品经营资本和货币经营资本（商人资本）

第五篇，利润分为利息和企业主收入。生息资本（续）

第六篇，超额利润转化为地租

第七篇，各种收入及其源泉

对第一卷的研究，"资本的生产过程"，分为两个层次，到第一册第三篇之前，从商品、价值、货币、买与卖等简单商品流通的前导性范畴和雇佣劳动、剩余劳动等范畴，达到关于资本的一般概念，资本的形态初步被确立；之后从资本概念本身出发，使资本本身的各种现象、契机内在必然地展开，资本作为一个主体被把握；而资本的生产过程实质就是剩余价值的生产，资本运动的无限度就在于对剩余价值的追求。各范畴的发展既是必然性的过渡又是一个概念内涵不断丰富的过程。

第二卷的标题是"资本的流通过程"，流通并不排除生产，而是以生产为主体的包括各流通环节的资本主义经济运动过程。这卷主要侧重对资本主义经济运动形式的论述，从抽象个别资本运动的基本形式——"资本循环"开始，通过具体形式"资本周转"的考察，过渡到社会总资本再生产的论述，其真正的目的在于分析剩余价值的实现问题，在这一意义上，第二卷可以看作第一卷提出的剩余价值问题的必然发展。

第三卷研究"资本主义生产的总过程"，就总体来看，它是生产过程和流通过程的统一。此外，马克思自己也指出，"这一册要揭示和说明资本运动过程作为总体考察时所产生的各种具体形式。资本在其现实运动中就是以这些具体形式互相对立的，对这些具体形式来说，资本在直接生产过程中采取的形态和在流通过程中采取的形态，只是表现为特殊的要素。因此，我们在本册中将阐明的资本的各种形态，同资本在社会表面上，在各种资本的互相作用中，在竞争中，以及在生产当事人自己的通常意识中所表现出来的形式,是一步一步地接近了"①。从感性的具体出发,在思维的具体中再现资本主义经济运动的各种矛盾、规定并论证剩余价值的各种特殊形式,这也可以看作马克思辩证法的完美回归。

从宏观上考察马克思的《资本论》,我们发现马克思就是用辩证法来研究政治经济学的。马克思深知,任何一种科学理论,都表现为一个概念逻辑体系,在每个逻辑概念的体系中,各个概念和范畴都不是孤立理解的零星碎片,而是彼此具有内在关联的概念网络。但马克思与黑格尔的不同之处在于,马克思并不是单纯地为了分析经济范畴如何运动,而是关注人的现实生活世界,因为"经济范畴只不过是生产的社会关系的理论表现","我的观点是把经济的社会形态的发展理解为一种自然史的过程。不管个人在主观上怎样超脱各种关系,他在社会意义上总是这些关系的产物"②。通过商品的自然属性和社会属性的内在矛盾、劳动的自然和社会过程的内在矛盾,以及商品与货币、价值与价格、货币与资本等一系列矛盾,马克思要揭示和说明的是在物与物的关系掩盖下的人与人的关系,所以马克思的辩证法是批判的、革命的、历史的辩证法。

(二) 马克思辩证法的微观分析 (一):商品中不可见的因素

将日常生活中最普通的存在物——商品作为逻辑起点和起始范畴,对解剖资本主义生产方式的认识论来说,是必不可少的认识起点。"资本主义生产方式占统治地位的社会的财富,表现为'庞大的商品堆积',单个的商品表现为这种财富的元素形式。因此,我们的研究就从分析商品开始。"③ 马克思认为,商品表面看来好像是简单而平凡的东西,但深入其中,就会发现它并非看起来那样简单,到处都充满着形而上学的奥秘和神学的怪诞。那么商品是怎样定义的呢?商品作为一个外界的对象,首先是一个物,是一个靠自己的属性来满

---

① ［德］马克思:《资本论》(第三卷),人民出版社 2004 年版,第 29—30 页。
② ［德］马克思:《资本论》(第一卷),人民出版社 2004 年版,第 10 页。
③ 同上书,第 47 页。

足人的特殊需要的物。它是我们最熟悉的感性具体物，而从"感性具体"经由"理性的抽象"得出商品有两个根本的属性：一是使用价值，"物的有用性使物成为使用价值"，使用价值就是物的可使用性，不因为别的，只是因为自身，商品的自身就是使用价值，所以它是商品的自然存在；二是交换价值，抽出劳动产品的使用价值，它们的一切可以感觉到的属性就都消失了，体现在商品中的劳动的具体形式也随之消失，劳动不再是木匠劳动、瓦匠劳动、纺纱劳动等具体形式，而全都化为相同的人类劳动——抽象人类劳动。这凝结在商品中的无差别的人类劳动就是商品的价值。商品必须用来交换才可称为商品，在交换中体现出来的价值就是交换价值。"交换价值首先表现为一种使用价值同另一种使用价值相交换的量的关系或比例"①。交换价值表明了商品的可交换性和商品的社会存在。例如 1 夸特小麦 = a 英担铁，在这个等式中，隐含一种等量的共同的东西，它抽去了商品的使用价值，只要比例相当，一种使用价值就可以和其他任何一种使用价值进行交换，由此形成了商品的使用价值与交换价值如下的矛盾："作为使用价值，商品首先有质的差别；作为交换价值，商品只能有量的差别"②。那么商品的使用价值和价值二重性的根据何在呢？根据就在马克思的《资本论》中所揭示的"理解政治经济学的枢纽"，即"劳动的二重性"上。我们可以拿上衣为例具体说明这点，上衣是一种使用价值，它满足的是人们穿的需要，而生产上衣就需要进行诸如缝、织这些具体形式的生产活动，可见，在商品的使用价值中包含着有目的的生产活动。如果撇开生产劳动的特定性质和有用性质，劳动所剩的就是人类劳动力的耗费，例如像缝和织这样不同性质的生产劳动，都是人的脑、肌肉、神经、手等身体的耗费，从这种意义上说，它们就都是人类劳动。因此，商品价值本身所体现的是人类劳动

---

① ［德］马克思：《资本论》（第一卷），人民出版社 2004 年版，第 49 页。
② 同上书，第 50 页。

本身，是一般意义上的人类劳动的耗费。用马克思自己的话说就是："一切劳动，一方面是人类劳动力在生理学意义上的耗费；就相同的或抽象的人类劳动这个属性来说，它形成商品价值。一切劳动，另一方面是人类劳动力在特殊的有一定目的的形式上的耗费；就具体的有用的劳动这个属性来说，它生产使用价值。"① 在马克思对商品的分析中，可以看出商品的二因素凸显的是劳动的二重性，而劳动的二重性为理解"现实的历史"，即人的存在提供了现实的而非抽象的切入点——人自身的二重性。人来源于动物界是一事实，但人是动物也不是动物，人本身是具有神性的，如果说如何"生"体现了人的"动物性"（政治经济学家只是看到这一点），那么怎样"活"则体现了人身上的"神性"（黑格尔哲学关注此一点），马克思清楚地意识到这一点，马克思关注人的"劳动"，关注现实的物质生产，但这并不意味着他就不关心人的"生活"，正如人吃饭是为了活着，但总不能说我们活着就仅仅是为了吃饭这样的事。在马克思那里，人是先活着，然后才是怎样地活着，即生活的意义和价值问题。劳动是人的劳动，因而劳动过程必然体现人的主体性，体现通过人身上的"神性"所彰显的对自由、价值、生命意义的追求。所以劳动就不是一个纯粹的实证经济学和传统哲学意义下的范畴，它虽然诉诸经济学的现实，却也具有传统哲学存在的奥秘，但又不同于并超越二者，是一个表征人的生命、自由的哲学——存在论意义的理念。

接着马克思从最简单的价值关系入手开始分析，因为一切价值形式的秘密都隐藏在这个简单的价值形式之中。

A　简单的、个别的或偶然的价值形式：

x 量商品 = y 量商品 （20 码麻布 = 1 件上衣）

$$\downarrow \qquad \downarrow$$

相对价值形式　　等价形式

---

① ［德］马克思：《资本论》（第一卷），人民出版社 2004 年版，第 60 页。

在这一形式中，麻布起主动作用，上衣处于被动作用，麻布的价值相对地通过上衣表现出来。

B　总和的或扩大的价值形式

20 码麻布 = 1 件上衣，或 = 10 磅茶叶，或 = 40 磅咖啡，或 = 1 夸特小麦，或 = 其他

C　一般价值形式

1 件上衣 =

10 磅茶叶 =

40 磅咖啡 =　20 码麻布

1 夸特小麦 =

D　货币形式

1 件上衣 =

10 磅茶叶 =

40 磅咖啡 =　2 盎司金

1 夸特小麦 =

马克思分析价值形式，无非就是想揭示货币形式之谜就隐藏在简单的商品形式之中，因此可以说，简单的商品形式是货币形式的胚胎。经由理性抽象得出商品二因素、价值形式，反过来再现更复杂的货币。

（三）马克思辩证法的微观分析（二）：关于资本的辩证法

关于资本的辩证法，马克思首先考察和揭示了货币转化为资本的过程，即"作为货币的货币和作为资本的货币的区别"，它们的区别之一首先在于它们具有不同的流通形式，前者是"商品—货币—商品（W—G—W）"，商品通过买卖获得货币，再用货币去买商品，以卖开始，以买结束，是个为买而卖的过程，货币最后转化为充当使用价值的商品而被花掉；后者是"货币—商品—货币（G—W—G）"，用货币去买卖商品，再用商品去换取货币，以买开始，以卖结束，是个为卖而买的过程，把货币投入流通，是为了通过出卖商品而取回货币。只有在这后一种流通形式中，货币才转化为资本、成为资本，而

且已经是资本。可见，单纯作为货币的货币的流通和作为资本的货币的流通之间，存在着可以感觉到的区别，而且从一开始就不同，二者具有相反的次序，在 W—G—W 中，两极是价值量相等的商品，但它们是不同质的使用价值，如谷物和上衣。这一循环的最终目的是消费，是满足需要。在 G—W—G 循环中，两极也同样具有相同的经济形式——货币，从货币到货币，没有什么质的不同，只是量的差别，即 G 和 G′ 的差别，而 G—W—G′ 循环过程之所以有内容，就在于它们的货币量的不同，如用 100 磅买的棉花卖（100 + 10）磅，就是从 G—G′，其中的 G′ = G + ΔG，即等于原预付货币额加上一个增值额。这个超出原价值的余额就是剩余价值。正是这种运动使货币成为资本。通过量的增加以接近绝对的富。100 磅和在流通中所增值的 10 磅在一瞬间是有区别的，但这个区别马上就消失了，过程终了时，不是 100 磅和 10 磅各占一边，而是 110 磅的价值。货币在运动终结时又成为运动的开端。因此，每一次为卖而买所完成的循环的终结，自然成为新循环的开始，而且这个运动是没有限度的。用马克思的话说就是："商品的价值突然表现为一个处在过程中的、自行运动的实体，商品和货币只是这一实体的两种形式。不仅如此。现在，它不是表示商品关系，而可以说是同它自身发生私自关系。它作为原价值同作为剩余价值的自身区别开来，作为圣父同作为圣子自身区别开来，而二者年龄相同，实际上只是一个人。这是因为预付的 100 磅只是由于有了 10 磅剩余价值才成为资本，而它一旦成为资本，一旦生了儿子，并由于有了儿子而生了父亲，二者的区别又马上消失，合为一体——110 磅"①，因此，"G—W—G′ 事实上是直接在流通领域内表现出来的资本的总公式"②。

我们看到，在现代资本主义社会中，主体已不再是黑格尔眼中的

---

① ［德］马克思：《资本论》（第一卷），人民出版社 2004 年版，第 180—181 页。

② 同上书，第 181 页。

"绝对理念",而是"资本",是资本真正的作为主体而存在。我们知道,资本主义的本质是它不断地追逐利润,寻求扩张,无论是通过获取资本的金融运动还是采取各种方法增加利润,可以说,扩张、逐利都是资本主义社会历史发展过程中不可改变的元素。然而,资本的不断积聚也同时削弱了这一庞大体系的生命力,如对资本的不断追逐为"无序"的竞争创造了条件,资本主义经济危机频发,资本主义经济制度受到了严重威胁。对资本增殖运动的分析可以说是马克思辩证法的具体表现形式。

三 《资本论》的逻辑:关于资本的认识论

> 现在的社会不是坚实的结晶体,而是一个能够变化并且经常处于变化过程中的有机体。①
>
> ——《资本论》第一版序言

马克思的《资本论》也可以说是马克思论"资本"的著作,如果说黑格尔的辩证法围绕展开的中心词是"概念"的话,那么马克思辩证法的核心词就是"资本",它是对人类认识资本历史进程的理论概括和科学总结,并且提高了对资本的科学认识的一般规律,其中的每一个基本范畴都是科学认识运动必经的发展阶段。因此,所谓"《资本论》的认识论"就是指马克思在对资本主义这样的高级经济形态的剖析中,实际上阐明了认识发展的一般规律。可以说,《资本论》中经验材料的自由运动,既是对于辩证法的表述,也是对于一般的认识论的描述。马克思《资本论》的逻辑展示了一种新的认识论和知识形态,它的范畴体系既是认识和把握资本主义经济形态和经济过程的主观逻辑方式,又是资本主义经济过程固有的客观逻辑,因

---

① [德] 马克思:《资本论》(第一卷),人民出版社 2004 年版,第 10、13 页。

此，它理应成为所有具体科学知识的认识论典范。

（一）辩证法是马克思主义的认识论

辩证法是马克思主义的认识论，可以追溯到列宁的这一论断："辩证法也就是（黑格尔和）马克思主义的认识论：正是问题的这一'方面'（这不是问题的一个'方面'，而是问题的实质）普列汉诺夫没有注意到，至于其他的马克思主义者就更不用说了。"① 列宁的这一论断主要针对的是当时第二国际的部分马克思主义者把辩证法和认识论割裂开来而导致的对辩证法的简单化理解，其中以普列汉诺夫为主要代表，他把马克思主义的认识论混同于费尔巴哈的形而上学的唯物主义，从直观反映论出发，把辩证法看作各种实例的总和；又按照形而上学的思维方式把辩证法规律理解为外在于思想内容的抽象观点加上具体例证的东西。在列宁看来，这显然是背离马克思的观点的，按照这样的思维方式也根本无法懂得马克思的《资本论》就是关于资本的认识论。而造成普列汉诺夫等马克思主义者这种抽象思维方法的根源主要在于他们不懂得黑格尔逻辑学的真实意义，不懂得在黑格尔辩证法的基础上去理解马克思的辩证法，而是像费尔巴哈对待黑格尔那样，把黑格尔的辩证法连同他的唯心主义一同抛弃了。"普列汉诺夫关于哲学（辩证法）大约写了近 1000 页的东西……其中关于大逻辑，关于它、它的思想（即作为哲学科学的辩证法本身）却没有说什么!!"② 马克思的《资本论》的辩证法是直接继承黑格尔的《逻辑学》，即作为认识论的辩证法而来的，如果撇开黑格尔哲学，那么马克思主义哲学就是实证科学。列宁的这一论断并非列宁自己的"独白"，而是列宁与哲学家之间的"历时态"和"同时态"的"对话"，有着深厚的哲学史背景。近代以来，哲学不再是作为科学之科学的"哲学王"，而是分为研究世界本原问题、存在问题的"本体

---

① ［俄］列宁：《哲学笔记》，人民出版社 1993 年版，第 308 页。
② 同上书，第 236 页。

论"，研究认识的发生、来源和认识真理的标准问题的"认识论"和关于人类思维规律的"逻辑学"，三者各自独立甚至在观点上有互相矛盾的状态。这种截然分开研究的结果，使哲学家无法对哲学的基本问题——思维和存在的关系问题作出科学的回答。这在康德哲学中得到了集中的体现。

康德的哲学，认识论是个主要的部分，康德的认识论主要研究知识何以可能的先天条件，而他的先验逻辑的基本问题就是思维以范畴综合感性的问题。康德也有本体论，他的本体论表现为关于物自体的学说。在康德看来，人运用先天直观形式、先天范畴认识到的是现象，现象是对象给人的一种表现方式，它不表现对象本身，对象本身是现象之外的物自身，它是什么样的，我们完全不知道。可见，康德的本体论和认识论是脱节的，就是说，认识的形式与内容，认识的规律与认识的对象是完全割裂的。康德本意是要力求统一，却走向了二元分化的不可知论。但康德的功绩也正在于此，"无论如何，他之揭示出这些矛盾，总不失为批判哲学中一个很重要而值得承认的收获"①。他理论的分裂恰恰凸显了哲学的基本问题——"思维与存在的关系"处于矛盾之中，如何使思维与存在统一起来就成了之后哲学家们所面临和要迫切解决的问题。

传统哲学的集大成者黑格尔认为，康德之所以没能实现思维与存在的统一，就在于康德不懂得概念的辩证运动，康德用来把握物自身的十二个先验范畴是抽象的、僵死的、孤立的。殊不知，用先天的范畴去把握"物自身"必然陷入先验幻相，那是理性的本性使然。"矛盾是属于思维规定的本性的"，也就是说，那个让康德之所恨的东西不是别的，恰恰是思维的本性，"问题不在于有没有运动，而在于如何在概念的逻辑中表达它"，逻辑的枯骨如何能活起来，正是由于思维规定的内在否定性，"引导概念自己向前的，就是前述的

---

① ［德］黑格尔：《小逻辑》，贺麟译，商务印书馆1980年版，第134页。

否定的东西，它是概念自身所具有的；这个否定的东西构成了真正辩证的东西"①。举个很简单的例子，如同剥葱一样，一个洋葱，去找洋葱的本质，把葱皮都剥完了，洋葱也没了。洋葱的本质在哪儿呢？它的本质就在葱皮中存在，本质就在现象之中，而不是分离的。思想的真正客观性应该是思想不仅是我们的思想，同时又是事物的自身或者说是对象性的东西的本质。列宁对此给予了很高的评价与重视，他说："由于黑格尔探讨客观世界的运动在概念的运动中的反映，所以他比康德及其他人深刻得多。"② 而黑格尔逻辑学的真实意义就在于它探讨了"万物之间的世界性的、全面的、活生生的联系，以及这种联系在人的概念中的反映"，并深入研究了怎样运用"经过琢磨的、整理过的、灵活的、能动的、相对的、相互联系的、在对立中是统一的"概念去把握世界。所以列宁才会说黑格尔是机智而又聪明的。黑格尔的逻辑学不仅是逻辑，也是本体论、认识论，而这其中又贯穿着辩证法，三者是一个东西，绝不存在单独的辩证法。三者的同一也意味着思维的形式和内容、主观认识和客观对象、思维规律和存在规律的统一。思维与存在的统一也同样表现了三者是一个东西的基本内容。可以说，黑格尔在唯心主义的基础上彻底实现了逻辑、辩证法和认识论的统一。当黑格尔被当成一条死狗而被人摒弃时，当马克思的辩证法被普列汉诺夫歪曲为可以用来套在任何论题上的刻板公式和各种实例的总和时，列宁再一次地肯定了黑格尔的合理思想，并指明马克思主义哲学也要从思维与存在的统一，逻辑、辩证法和认识论三者的一致来思考和解决哲学基本问题。"在任何一个命题中，很象在一个'单位'（'细胞'）中一样，都可以（而且应当）发现辩证法一切要素的胚芽，这就表明辩证法本来是人类的全部认识所固有的。而自然科学则向我们揭明（这又是要用任何极简单的实例来揭明）客

---

① ［德］黑格尔：《逻辑学》（上卷），杨一之译，商务印书馆1966年版，第38页。
② ［俄］列宁：《哲学笔记》，人民出版社1993年版，第149页。

观自然界也具有同样的性质，揭明个别向一般的转变，偶然向必然的转变，对立面的过渡、转化、相互联系。"①

（二）历史认识论与"从后思索法"

无论如何哲学总是来得太迟。哲学作为有关世界的思想，要直到现实结束其形成过程并完成其自身之后，才会出现。概念所教导的也必然就是历史所呈示的。这就是说，直到现实成熟了，理想的东西才会对实在的东西显现出来……密纳发的猫头鹰要等黄昏到来，才会起飞。②

——黑格尔《法哲学原理》序言

对人类生活形式的思索，从而对这些形式的科学分析，总是采取同实际发展相反的道路。这种思索是从事后开始的，就是说，是从发展过程的完成的结果开始的。③

——《资本论》第一卷

马克思所创建的新哲学是以"历史"为解释原则或理论硬核的唯物主义，这就是历史唯物主义，但马克思所关注的"历史"与黑格尔完全不同，黑格尔认为，哲学用以观察历史的唯一的思想是理性，是精神，马克思则认为历史就是现实的历史，它表现的是"现实的个人追求和实现自己目的的活动过程"。而对历史的认识，马克思所采取的方法是从后思索法，即"对人类生活形式的思索，从而对这些形式的科学分析，总是采取同实际发展相反的道路。这种思索是从事后开始的，就是说，是从发展过程的完成的结果开始的"④。这种事后

---

① ［俄］列宁：《哲学笔记》，人民出版社1993年版，第308页。
② ［德］黑格尔：《法哲学原理》，范扬、张企泰译，商务印书馆1961年版，第13—14页。
③ ［德］马克思：《资本论》（第一卷），人民出版社2004年版，第93页。
④ 同上。

思索法是马克思在《资本论》中分析商品拜物教的秘密时提出来的，但却是马克思一贯主张的认识历史的方法。

马克思的博士论文《德谟克利特的自然哲学和伊壁鸠鲁的自然哲学的差别》，之所以选这个题目显然是与青年黑格尔派的政治理论需要相联系的，目的是论证他们自己要求的个性自由的自我意识哲学。在此，马克思就采取了事后思索法来分析希腊哲学，从伊壁鸠鲁哲学开始往回追溯至古希腊哲学——"这里要研究的是它们同更古老的希腊哲学的联系"。因为自我意识哲学是古希腊哲学发展到最后所形成的最高形态，"在伊壁鸠鲁派、斯多亚派和怀疑派那里，自我意识的一切环节都得到充分表现，不过每个环节都表现为一种特殊的存在，难道这是偶然的吗？这些体系合在一起形成自我意识的完整结构"①。可以说，这些体系是理解古希腊哲学的真正的钥匙。很多人都认为，希腊哲学的客观历史似乎在亚里士多德那里就停止了，也就是说亚里士多德是希腊哲学的顶峰，也是希腊哲学的集大成者，在他之后的希腊哲学就已经走向衰亡了，也被人们所忽视。但马克思不这样认为，他指出"死亡本身已预先包含在生物中，因此对死亡的形态也应像对生命的形态那样，在固有的特殊性中加以考察"②。所以马克思从伊壁鸠鲁哲学往回追溯古希腊哲学，有着重要的哲学意义。

在《〈黑格尔法哲学批判〉导言》中，马克思指出，1843 年的德国无论是在经济上还是在社会制度上都明显达不到当时世界历史的水平，"在法国和英国，问题是政治经济学或社会对财富的统治；在德国，问题却是国民经济学或私有财产对国民的统治。因此，在法国和英国是要消灭已经发展到终极的垄断；在德国却要把垄断发展到终极。那里，正涉及解决问题；这里，才涉及到冲突"③。在此，可以说德国人是在哲学中经历着自己的历史，德国历史是哲学的历史，是

---

① 《马克思恩格斯全集》（第 1 卷），人民出版社 1995 年版，第 17 页。
② 同上书，第 16 页。
③ 《马克思恩格斯全集》（第 3 卷），人民出版社 1995 年版，第 204 页。

观念的延续，所以马克思是对黑格尔法哲学的批判。而马克思的《资本论》研究的是资本主义生产方式以及与它适应的生产关系和交换关系。马克思以英国作为例证，因为资本主义生产方式的高度发展是在发达的英国，对此马克思也指出："如果德国读者看到英国工农业工人所处的境况而伪善地耸耸肩膀，或者以德国的情况远不是那样坏而乐观地自我安慰，那我就要大声地对他说：这正是说的阁下的事情，工业较发达的国家向工业较不发达的国家所显示的……只是后者未来的景象"①。这同样是一种"从后思索法"的形式。

在《1857—1858 年经济学手稿》中，马克思指出："我们的方法表明历史考察必然开始之点，或者说，表明仅仅作为生产过程的历史形式的资产阶级经济，超越自身而追溯到早先的历史生产方式之点。因此，要揭示资产阶级经济的规律，无须描述生产关系的真实历史。但是，把这些生产关系作为历史上已经形成的关系来正确地加以考察和推断，总是会得出这样一些原始的公式，……这样，这些启示连同对现代的正确理解，也给我们提供了一把理解过去的钥匙——这也是我们希望做的一项独立的工作"②。资本主义社会在它不到一百年的发展中所创造的生产力，比过去全部社会创造的生产力的总和还要大、还要多，可以说它是历史上最发达、最复杂的社会组织，它以"萎缩的或者完全歪曲的形式"包含着早期社会发展的各种形式，通过对资本主义社会的研究，可以看到早期社会形式的结构和关系。同样，关于范畴之间的关系，马克思也指出，"比较简单的范畴可以表现一个比较不发达的整体的处于支配地位的关系或者一个比较发展的整体的从属关系，这些关系在整体向着以一个比较具体的范畴表现出来的方面发展之前，在历史上已经存在。在这个限度内，从最简单上升到复杂这个抽象思维的进程符合现实的历史过程"③。以货币为例，货币很早就在

---

① ［德］马克思：《资本论》（第一卷），人民出版社 2004 年版，第 8 页。
② 《马克思恩格斯全集》（第 30 卷），人民出版社 1995 年版，第 453 页。
③ 同上书，第 43—44 页。

人的生活中发生作用，但货币只有在资本主义社会这样发达的社会状态下才充分发挥出它的力量。正如"人体解剖对于猴体解剖是一把钥匙。反过来说，低等动物身上表露的高等动物的征兆，只有在高等动物本身已被认识之后才能理解。因此，资产阶级经济为古代经济等等提供了钥匙"①。可见，在马克思那里，对历史的认识正是从"发展过程的完成的结果"开始的，是事后思索的，说历史是过去的，但它过去并不代表它已经消失，而是以浓缩、发展的形式被包含在现实社会中，现实的生活是历史的延伸和继续，透过现实人的社会生活我们可以看到现实的历史，所以通过对资本主义这一"复杂的社会形式"的研究实际上实现的是对全部"人类生活形式"的揭示。"在人类历史上存在着和古生物学中一样的情形。由于某种判断的盲目，甚至最杰出的人物也会根本看不到眼前的事物。后来，到了一定的时候，人们就惊奇地发现，从前没有看到的东西现在到处都露出自己的痕迹。"②

（三）资本的历时态认识：权力与关系的同构

　　……认识是从内容到内容向前转动的。首先，这种前进是这样规定自身的，即：它从单纯的规定性开始，而后继的总是愈加丰富和愈加具体。因为结果包含它的开端，而开端的进程以新的规定性丰富了结果。普遍的东西构成基础；因此不应当把进程看作是从一个他物到一个他物的流动。绝对方法中的概念在它的他有中保持自身；普遍的东西在它的特殊化中、在判断和实在中，保持自身；普遍的东西在以后规定的每一阶段，都提高了它以前的全部内容，它不仅没有因它的辩证的前进而丧失什么，丢下什么，而且还带着一切收获和自己一起，使自身更丰富，更密实。③

---

① 《马克思恩格斯全集》（第30卷），人民出版社1995年版，第47页。
② 《马克思恩格斯选集》（第4卷），人民出版社1995年版，第579页。
③ ［德］黑格尔：《逻辑学》（下卷），杨一之译，商务印书馆1976年版，第549页。

关于"资本"可以说是资本主义社会的内在灵魂和核心原则，也是马克思毕生关注的问题，而之前对商品和货币范畴的分析，则再现了资本产生的历史前提。马克思的《资本论》正是通过对"资本"的秘密的揭示和研究，才断言了资本主义的必然灭亡，代替它的是这样一个联合体——"在那里，每个人的自由发展是一切人的自由发展的条件"。

在马克思之前，研究和关注资本问题的主要是古典政治经济学家，其中最具代表性的当推亚当·斯密，他的资本理论显赫一时，一个人"所有的资财，如足够维持他数月或数年的生活，他自然希望这笔资财中有一大部分可以提供收入；他将仅保留一适当部分，作为未曾取得收入以前的消费，以维持他的生活。他的全部资财于是分成两部分。他希望从以取得收入的部分，称为资本。另一部分，则供目前消费"①。斯密将一个人的财产分为两部分：一部分用于当前生活资料的消费，另一部分则用于继续生产获得剩余价值，而这一部分就是"资本"。在斯密等古典经济学家的眼中，资本体现的就是一种单纯的物，因为资本不论采取任何形式，如地产、商品、货币等，都只是"物"的外观，实际上资本就是一种能增殖、能带来剩余价值的物，而资本主义的经济学家却把资本这种自行增殖看作物的天然属性或物理性质产生的神奇后果并对其加以科学的论证和掩盖，在马克思看来，这是国民经济学应该遭到批判的实质。

在马克思看来，物不过是资本的表象，马克思更进一步指出资本仅仅被理解为物，而没有被理解为关系，这是因为经济学家们"只看到了资本的物质，而忽视了使资本成为资本的形式规定"②。资本还是一种社会关系，在《雇佣劳动与资本》中，马克思批判了国民经济学家把资本等同于异化劳动的观点，认为资本是一种"社会生产关系"，强调生产资料只是在一定的社会关系中，才成为资本，"黑人

---

① ［英］斯密：《国民财富的性质和原因的研究》（上卷），郭大力、王亚南译，商务印书馆1972年版，第255页。
② 《马克思恩格斯全集》第46卷（上），人民出版社1979年版，第211—212页。

就是黑人。只有在一定的关系下，他才成为奴隶。纺纱机是纺棉花的机器。只有在一定的关系下，它才成为资本。脱离了这种关系，它也就不是资本了，就像黄金本身并不是货币，砂糖并不是砂糖的价格一样"①。在《大纲》中，马克思继续强调："资本显然是关系，而且只能是生产关系"，是"资产阶级社会占统治地位的关系"。在《资本论》中，马克思更是多次指出："资本不是物，而是一种以物为媒介的人与人之间的社会关系"②；"资本不是物，而是一定的、社会的、属于一定历史社会形态的生产关系，后者体现在一个物上，并赋予这个物以独特的社会性质。资本不是物质的和生产出来的生产资料的总和"③。而资本作为一种社会生产关系，它是"资产阶级的生产关系，是资产阶级社会的生产关系"④。在马克思看来这种社会关系是一种"颠倒"的社会关系，资本是积累起来的、过去的、由对象化的劳动直接支配的活劳动，积累的劳动才会变为资本，也就是说只有在"死劳动"支配"活劳动"的关系中，资本才能存在。国民经济学从"经济人"的主体需求出发所导致的极端后果就是"人"必然是"异化了的人"，"劳动"也必然是"异化了的劳动"。物的东西成了人的东西，而人的东西受物的控制。尽管如此，国民经济学家却把它置于"虚构的原始状态"，就如神学家用原罪来说明恶的起源一样进行科学的辩护。他们甚至公开承认"各国只是生产的工场；人是消费和生产的机器；人的生命就是资本；经济规律盲目地支配着世界。在李嘉图看来，人是微不足道的，而产品则是一切"⑤。"把表现在物中的一定的社会生产关系当作这些物自身的物质自然属性，这是我们在打开随便一本优秀的经济学指南时一眼就可以看到的一种颠倒"⑥。不是

① 《马克思恩格斯选集》（第 1 卷），人民出版社 1995 年版，第 344 页。
② ［德］马克思：《资本论》（第一卷），人民出版社 1975 年版，第 834 页。
③ ［德］马克思：《资本论》（第三卷），人民出版社 2004 年版，第 922 页。
④ 《马克思恩格斯选集》（第 1 卷），人民出版社 1995 年版，第 345 页。
⑤ ［德］马克思：《1844 年经济学哲学手稿》，人民出版社 2000 年版，第 32 页。
⑥ 《马克思恩格斯全集》（第 49 卷），人民出版社 1982 年版，第 56 页。

人支配、运用"资本",而是抽象的存在——"资本"统治着人。而马克思所谓异化体现的正是这种颠倒关系,从而导致了人们现在所"是"的状况与人们所应该成为的状况之间的分裂。正是在此意义上,马克思《资本论》的主要课题,就在于"通过对价值形态之显微镜性阐释,来打破与经济学或货币经济的历史一样有历史的、古老的'偏见'。而正是在所谓细微的东西里,才包含着货币形态的谜,细微的差异才是本质性的差异——或者说,恰恰在此处,才存在着马克思与古典经济学或黑格尔之间的'差异'"①。马克思对资本的这一"颠倒"的社会关系的揭示,正是在细微之处超越了古典经济学家。

在资本主义社会中,资本作为一种"颠倒"的社会关系,同时也是一种力量,一种权力——"支配一切的权力"。"它成为资本,是由于它作为一种独立的社会力量,即作为一种属于社会一部分的力量,通过交换直接的、活的劳动力而保存并增大自身"②。在《大纲》中,马克思更明确地指出:"资本是资产阶级社会的支配一切的经济权力。"资本之所以称为资本,就在于它能自身增殖自身。这种增殖自身的本能源于对劳动力绝对的支配,即对剩余价值的掠夺和控制。这种与生俱来的权力,是资本存在的根本目的和理由。而在马克思看来,资本行使权力的原初在生产劳动,只有在生产劳动的过程中,资本才能通过对活劳动的压榨,对工人的剩余劳动和他们所创造的剩余价值的掠夺才能使自己积累和增殖。正是在这个意义上,马克思才强调,科学技术的发明、世界市场的开辟、机器大工业的生产等,"都不会使工人致富,而只会使资本致富,也就是只会使支配劳动的权力更加增大,只会使资本的生产力增大。因为资本是工人的对立面,所以文明的进步只会增大支配劳动的客观权力"③。更进一步说,资本积累越是扩大,它作为一种权力的力量也就越大,而且这种权力不局限于一种经济权

---

① [日]柄谷行人:《马克思,其可能性的中心》,中央编译出版社 2006 年版,第 15 页。
② 《马克思恩格斯选集》(第 1 卷),人民出版社 1995 年版,第 346 页。
③ 《马克思恩格斯全集》(第 46 卷)(上),人民出版社 1979 年版,第 268 页。

力，它会渗透到社会生活的各个层面中去，它不是一种个人的力量，而是一种社会力量，并且它将变身为世界性的权力掌控所有。事实上，资本已经向我们证明了这一切，"资产阶级，由于一切生产工具的迅速改进，由于交通的极其便利，把一切民族甚至最野蛮的民族都卷到文明中来了。它的商品的低廉价格，是它用来摧毁一切万里长城、征服野蛮人最顽强的仇外心理的重炮。它迫使一切民族——如果它们不想灭亡的话——采用资产阶级的生产方式；它迫使它们在自己那里推行所谓的文明，即变成资产者。一句话，它按照自己的面貌为自己创造出一个世界"①。资本犹如一种"普照光"决定着一切存在的比重。资本的这种力量发展到极致，就会成为一种支配和统治的逻辑——资本的逻辑，事实上也是如此，"个人现在正在受着'抽象'——资本的统治"，"以物的依赖性为基础的人的独立性"的生存状态是现实社会的真实写照，人、社会、国家都自愿不自愿地服从着资本的逻辑。马克思对资本主义的批判正是通过对现实的描述并揭露资本的秘密来完成的，而最终的目的是寻求到"解放何以可能"的现实道路，"把人从非人的存在中'解放出来'，这就是马克思为新哲学提出的使命"②。

第四节　超越黑格尔的遗产——《资本论》的逻辑：关于人类解放的逻辑

> 真理的彼岸世界消逝以后，历史的任务就是确立此岸世界的真理。人的自我异化的神圣形象被揭穿以后，揭露具有非神圣形象中的自我异化，就成了为历史服务的哲学的迫切任务。③
>
> ——《〈黑格尔法哲学批判〉导言》

---

① 《马克思恩格斯选集》（第 1 卷），人民出版社 1995 年版，第 276 页。
② 孙正聿：《思想中的时代：当代哲学的理论自觉》，北京师范大学出版社 2004 年版，第 195 页。
③ 《马克思恩格斯选集》（第 1 卷），人民出版社 1995 年版，第 2 页。

> 马克思首先是一个革命家，他毕生的真正使命，就是……参
> 加现代无产阶级的解放事业。①
>
> ——恩格斯《在马克思墓前的讲话》

马克思吸取了黑格尔哲学的合理内核——辩证法的三者一致，并把它从一种土壤的概念移植到另一种土壤中，但马克思与黑格尔的辩证法却不仅仅是唯物与唯心的区别，最重要的还是本体论的差异。早在沃尔夫那里，就奠定了本体论（存在论）的含义，即从逻辑上来理解事物存在的根据，所以在黑格尔那里，本体论的表现形式就是《逻辑学》，是关于思维、思维的规定和规律的科学。可以说，黑格尔的逻辑学是传统本体论最后的辉煌。而在马克思那里，本体论的表现形式是《资本论》，它虽然是由经济范畴构成的宏伟的理论体系，但绝不仅仅是对政治经济学的一种简单批判，而是史无前例地揭示了"物和物的关系"掩盖下的"人与人的关系"，是关于现实的历史和人的存在的存在论。人和人现实的生活状况才是马克思《资本论》的研究对象，人的现实生活对马克思来说，就是资本主义社会中人受资本控制和奴役的异化生存状态，如何使人从"抽象"的统治中解放出来、从"物"的统治中解放出来、从"资本"的统治中解放出来，从而实现每个人的自由和全面发展，才是马克思真正关心的问题。也就是说，人的自由和解放才是马克思存在论最根本的理论旨趣，在此意义上，可以说马克思的逻辑就是存在论意义上的大写的逻辑，马克思的辩证法在根本上也就是"人类自由的辩证法"②。

哲学是一种理论的形式，它表征的是人类关于自身存在的自我意识，而哲学在对自身存在的思考中，首要考虑的问题就是存在何以可能的问题，这种对存在根据的追问，构成了哲学的本体论问题。但哲

---

① 《马克思恩格斯选集》（第 3 卷），人民出版社 1995 年版，第 777 页。
② 参见［法］萨米尔·阿明《全球化时代的资本主义》，中国人民大学出版社 2005 年版，第 120 页。

学的奥秘在于人，尽管传统本体论是通过范畴的逻辑推论构成的哲学
原理，不可否认，本体论学说仍然是与人的存在联系在一起的，它只
不过是以理论的方式来表现基于"生活"本身的思维的至上性，是
在思想中所把握的时代，这在黑格尔哲学中得到了集中的体现，并把
思维的至上性和精神的力量推向了顶峰。"凡生活中真实的伟大的神
圣的事物，其所以真实、伟大、神圣，均由于理念。哲学的目的就在
于掌握理念的普遍性和真形相。自然界是注定了只有用必然性去完成
理性。但精神的世界就是自由的世界。举凡一切维系人类生活的，有
价值的，行得通的，都是精神性的。而精神世界只有通过对真理和正
义的意识，通过对理念的掌握，才能取得实际存在。"① 黑格尔所追
求的本体是理念，绝对理念，也就是精神。"理念是自在之为的真理，
是概念和客观性的绝对统一，理念的理想的内容不是别的，只是概念
和概念的诸规定；理念的实际的内容只是概念自己的表述，象概念在
外部的定在的形式里所表现的那样。"② 它是以概念自我运动的形式
表现人类思想运动的逻辑，并为各门科学自身构建的思想体系提供逻
辑基础，这样逻辑思想就成了一切事物自在自为地存在着的根据，真
理不是别的而是思想的内容与其自身的符合。对此黑格尔特别以"什
么是真朋友"来举例说明，真朋友之所以是真朋友，是因为一个朋友
的言行举止能够符合"友谊的概念"而并非其他别的什么原因。原
本现实的历史最终还是统一到了逻辑，只不过逻辑性与能动性内在地
统一起来，黑格尔的辩证法为形而上学注入了能动性，把形而上学构
建成了本体论、认识论和逻辑学相统一的辩证法，但黑格尔的辩证法
作为绝对理念的自我运动还是合流于了形而上学。也可以说，从古希
腊的柏拉图到德国的黑格尔，西方哲学家所理解的辩证法尽管形式各
不相同，但都属于"形而上学的辩证法"，即纯思想的辩证法。按马

---

① ［德］黑格尔：《小逻辑》，贺麟译，商务印书馆 1980 年版，第 35 页。
② 同上书，第 397 页。

克思的理解那还是"在天上"的辩证法。

那么,如何使黑格尔的辩证法从天上降到地上呢?绝不是像传统教科书所理解的那样从旧唯物主义的原则基础上颠倒黑格尔的辩证法,那样不仅曲解了黑格尔,更会使马克思倒退到旧唯物主义的水平之上。实际上,马克思继承和推进的是黑格尔辩证法作为推动原则和创造原则的否定性,"黑格尔把人的自我产生看作一个过程,把对象化看作非对象化,看作外化和这种外化的扬弃;可见,他抓住了劳动的本质,把对象性的人、现实的因而是真正的人理解为他自己的劳动的结果"①。马克思批判的、革命的辩证法正是对黑格尔辩证法这一真正精华的汲取。黑格尔以绝对理念的自我否定又自我扬弃的隐蔽形式揭示和阐明了人如何通过异化而又克服异化来获得自由解放的真实过程,马克思的高明之处就在于他看到了黑格尔哲学并不是某种超然于世界之外的遐思玄想,甚至所谓绝对理念也不过是形而上学改装了的存在。"在黑格尔的体系中有三个因素:斯宾诺莎的实体,费希特的自我意识以及前两个要素在黑格尔那里的必然充满矛盾的统一,即绝对精神。第一个因素是形而上学地改了装的、同人分离的自然;第二个因素是形而上学地改了装的、同自然分离的精神,第三个因素是形而上学地改了装的上两个因素的统一,即现实的人和现实的人类"②。如果去除"形而上学地改了装的"的神秘和抽象,黑格尔哲学所追问的本体正是人自身何以可能的意义和根据,只不过黑格尔是以"无人身的理性"自我运动的形式实现的。可见,黑格尔本体论追求的最大限度不过是黑格尔自己所说的"精神上最高的胜利",最后还是回归了抽象。对此,马克思指出,黑格尔是以"最抽象的形式"表达了"最现实的人类状况"。

马克思不是谁,马克思就是马克思,他真正关心的不是逻辑的问

---

① [德]马克思:《1844年经济学哲学手稿》,人民出版社2000年版,第101页。

② 《马克思恩格斯文集》(第1卷),人民出版社2009年版,第341—342页。

题，而是现实的人的生存状况和如何使人实现真正的自由和解放，马克思要向我们揭示的真正的本质在于"个人现在正在受着'抽象'的统治"。在他看来，"理性的抽象"的深层原因在于"以物的依赖性为基础的人的独立性"的生存状态，导致黑格尔的"抽象的精神劳动"的根源不在于黑格尔本人那种独特地对于"思辨"的喜好，而是现实生活中人的本质活动的异化。现实生活的异化导致了人们思想的异化。"作为包括精神发展在内的一切发展的动力的辩证法，其真正的根源不应到抽象的精神中，而应到现实的生活中去寻找、去发现。"① 马克思用"感性活动"和"物质生产过程"取代"思维过程"的主体性，真正目的是要探寻传统本体论中所蕴含的真实的"历史"内容，所以"人的解放何以可能"才是马克思的本体论追求。

在《巴黎手稿》中，马克思探寻解放的出发点是"异化劳动"和"人的本质"。马克思从当时的经济事实出发，分析了社会财富的状态及工人生活的状态，当社会财富处于衰落状态时，工人可能遭受最大的痛苦；在财富增长的社会中，这可能算是对工人最有利的，工人的结局仍然是劳动过度、早死甚至沦为资本的奴隶——无论是在社会财富处于衰落、增长还是达到完满的状态——工人所能收获的仍然仅仅是贫困，与此同时，只要被迫的强制劳动一停止，工人就像逃避瘟疫一样逃离劳动。在马克思看来，人们应该成为的状况，即真正意义上的人的类本质，应该是体现人的存在的自由的有意识的生命活动。同时马克思认为"共产主义是私有财产即人的自我异化的积极的扬弃，因而是通过人并且为了人而对人的本质的真正占有；因此，它是人向自身、向社会的即合乎人性的人的复归，这种复归是完全的，自觉的和在以往发展的全部财富的范围内生成的"②。只有共产主义才能消灭私有财产和异化劳动，实现人的类本质。

---

①　[苏] 罗森塔尔主编：《马克思主义辩证法史》，人民出版社 1982 年版，第 10 页。

②　[德] 马克思：《1844 年经济学哲学手稿》，人民出版社 2000 年版，第 81 页。

在作为"包含天才观萌芽的第一个宝贵文件"——《关于费尔巴哈的提纲》中，熔铸着马克思对哲学自身的深切反思，构成了以"实践"为核心的对人的解放何以可能的理论回答。"人的思维是否具有客观的［gegenstandliche］真理性，这不是一个理论的问题，而是一个实践的问题。人应该在实践中证明自己思维的真理性，即自己思维的现实性和力量，自己思维的此岸性。关于思维——离开实践的思维——的现实性或非现实性的争论，是一个纯粹经院哲学的问题"①；"全部社会生活在本质上是实践的。凡是把理论引向神秘主义的神秘东西，都能在人的实践中以及对这个实践的理解中得到合理的解决"②。在此实现了马克思的本体论革命，即以实践为依据去理解思想客观性的基础、人的存在、人的本质和人的世界，把实践定位为"人的存在何以可能"的"本体"。

在确立唯物史观的《德意志意识形态》中，"德国哲学从天国降到人间；和它完全相反，这里我们是从人间升到天国。这就是说，我们不是从人们所说的、所设想的、所想象的东西出发，也不是从口头说的、思考出来的、设想出来的、想象出来的人出发，去理解有血有肉的人。我们的出发点是从事实际活动的人"③。马克思从"现实的个人"出发，主张通过共同占有生产资料的形式来消灭社会分工，克服人的异化，使人作为有个性的人从而实现"各个人在自己的联合中并通过这种联合获得自己的自由"④。

在标志着马克思主义确立的著作《共产党宣言》中，马克思分析了资产阶级由于自身的内在矛盾必然走向灭亡并号召全世界无产阶级人民联合起来，建立真正的自由人联合体，"代替那存在着阶级和阶级对立的资产阶级旧社会的，将是这样一个联合体，在那里，每个人

---

① 《马克思恩格斯选集》（第1卷），人民出版社1995年版，第55页。
② 同上书，第56页。
③ 同上书，第73页。
④ 同上书，第119页。

的自由发展是一切人的自由发展的条件"①。马克思关于人的全面自由的发展表现的是一种把人从异化的状态中解放出来的革命性的本体论追求。

在此我们看到，马克思的辩证法是关于人类解放的逻辑，是不同于传统本体论的存在论意义上的逻辑，"共产主义对我们来说不是应当确立的状况，不是现实应当与之相适应的理想。我们所称为共产主义的是那种消灭现存状况的现实的运动"②。也就是说，实现人类解放的共产主义，它是一个不断否定性的过程，是一个消灭现存状况的现实的运动过程，从否定性的方面去理解马克思关于人类解放的学说，是马克思革命的、批判的辩证法的重要思想内涵。

---

① 《马克思恩格斯选集》（第 1 卷），人民出版社 1995 年版，第 294 页。
② 《马克思恩格斯文集》（第 1 卷），人民出版社 2009 年版，第 539 页。

第三章

列宁的理论推进："三者一致"的辩证法思想

辩证法是一种学说，它研究对立面怎样才能够同一，是怎样
（怎样成为）同一的——在什么条件下它们是相互转化而同一
的，——为什么人的头脑不应该把这些对立面看作僵死的、凝固的东
西，而应该看作活生生的、有条件的、活动的、彼此转化的东西。在
阅读黑格尔时……①

关于"三者一致"的辩证法思想，黑格尔第一个在自己的哲学中自
觉地实现了辩证法"三者一致"的原则。黑格尔在批判康德的不可知论
和二元论的基础上，以绝对理念作为一切事物的本质和本体的基础，唯心
主义地实现了思维和存在的同一、逻辑与历史的统一，从而实现了辩证法
的"三者一致"。马克思和恩格斯创立的新哲学——历史唯物主义则唯物
地从黑格尔那里吸取了全部有价值的东西（辩证法的"三者一致"），并
且向前推进了这些有价值的东西（遗留下《资本论》的逻辑），这种吸取
和推进，马克思、恩格斯做到了，列宁则进一步发展了。

马克思、恩格斯逝世之后，第二国际的首领（如德国的考茨基、俄国

① ［俄］列宁：《哲学笔记》，人民出版社1993年版，第90页。

的普列汉诺夫等）相继背叛了马克思主义，"他们作出博学的样子，搬出大量经过歪曲的马克思的话"，为机会主义辩护，为帝国主义辩护，妄图用当时时髦的新康德主义和马赫主义来取代并纠正辩证唯物主义；还声称自己的理论根据是马克思的"辩证法"。殊不知他们这么做恰恰是对辩证法的歪曲，是对唯物主义的背离，是对辩证法就是认识论的否认，对此列宁愤怒地指出："普列汉诺夫也要狡猾地引用'辩证法'（这是这位著作家惯用的手法）来粉饰一番"，"在用诡辩术偷换辩证法这一崇高事业中，普列汉诺夫打破了纪录"①。在考茨基和普列汉诺夫那里，辩证法成了最卑鄙、最下贱的诡辩术；此外，另一观点则是完全抛弃辩证法；用费尔巴哈的直观反映论取代唯物主义的能动反映论，割裂辩证法和认识论、辩证法和唯物主义的关系。对此列宁也指出："都自称马克思主义者，但是对马克思主义的理解却迂腐到了无以复加的程度。马克思主义中有决定意义的东西，即马克思主义的革命辩证法，他们一点也不理解"②。针对这种歪曲的危害，为了真正弄懂并能在革命实践中正确应用辩证法，列宁旗帜鲜明地展开斗争，"在这个由一整块钢铁铸成的马克思主义哲学中，决不可去掉任何一个基本前提、任何一个重要部分，不然就会离开客观真理，就会落入资产阶级反动谬论的怀抱"③。在参看黑格尔的《逻辑学》和马克思的《资本论》中，首次明确地提出了"唯物主义的逻辑、辩证法和认识论"三者一致的辩证法。④ 列宁的《哲学笔记》中以批判分析黑格尔为己任，为分析当时的国际局势提供了重要的方法论基础，并奠定了俄国工人运动的理论基础。正如卢卡奇所言："对任何想要回到马克思主义的人来说，恢复马克思主义的黑格尔传统是一项迫切的义务"⑤。

---

① 《列宁专题文集——论辩证唯物主义和历史唯物主义》，人民出版社 2009 年版，第244 页。

② 同上书，第 343 页。

③ 《列宁选集》（第 2 卷），人民出版社 1972 年版，第 332—333 页。

④ 黑格尔和马克思的辩证法本身是三者一致的，但是他们并没有明确提出，是列宁在《哲学笔记》中首次提出了"唯物主义的逻辑、辩证法和认识论的三者一致"。

⑤ ［匈］卢卡奇：《历史与阶级意识》，杜章智等译，商务印书馆 1999 年版，第 16 页。

第一节 回到列宁：辩证法为什么是黑格尔

可以说，列宁对黑格尔、对辩证法的态度是一个从全然否定到热情接受的过程，早期在写作《唯物主义和经验批判主义》时，承袭普列汉诺夫的思考逻辑和理论框架，列宁认为哲学唯物主义就等于正确，而作为唯心家的黑格尔自然被列宁置于马克思的对立面。也可以说之初列宁是拒绝黑格尔的，所以在《唯物主义和经验批判主义》中，列宁仅仅是从唯物主义的方面出发批判马赫主义一类的唯心主义，却看不到黑格尔，也缺乏对辩证法的透彻理解，这也使列宁在对马克思主义哲学的理论理解和革命实践中存在着理论逻辑的缺陷。直至对《马克思和恩格斯通信集》的阅读，列宁也作了重要的提要，使列宁对马克思唯物辩证法的认识发生了重要的变化，即确认了黑格尔在马克思主义辩证法理论创立中的关键地位。因为列宁发现，在马克思和恩格斯的通信中，每每谈到辩证法问题时，黑格尔总是在场，黑格尔已然成了理解辩证法的内在标识。这也促使列宁想要从辩证法方面进一步加深对马赫主义、康德主义的批判。

在1858年1月14日的马克思致恩格斯的信中，马克思谈到自己将别人送的黑格尔的《逻辑学》浏览了一遍，"这在材料加工的方法上帮了我很大的忙"，马克思说："如果以后再有功夫做这类工作的话，我愿意用两三个印张把黑格尔所发现、但同时又加以神秘化的方法中所存在的合理的东西阐述一番，使一般人都能够理解。"[1] 列宁在其《〈马克思恩格斯通信集〉提要》中对这句话作了特别的标注，他记下"黑格尔《逻辑学》中合理的东西在于他的方法"，又用方括号记下了这样一个提示："马克思1858：又把黑格尔的《逻辑学》浏

---

[1] 《马克思恩格斯〈资本论〉书信集》，人民出版社1976年版，第121页。

览了一遍,并打算用两三个印张把其中的合理的东西阐述一番。"①
而后又用一个方括号专门标注道:"[他(黑格尔)的缺点是'神秘
化']"②。之初列宁对所有哲学唯心主义所持的基本态度就是彻底的
批判和否定,这使列宁并没有过多地关注黑格尔的方法。当他看到马
克思在给恩格斯的信中指认他所使用的辩证法就是黑格尔在《逻辑
学》中阐述的时候,留下了深刻的印象。随后列宁在二者的通信中又
看到了马克思关于辩证法的另一讨论。1858 年 2 月 1 日在马克思给恩
格斯的信中,马克思批评了拉萨尔试图通过赫拉克利特来阐明黑格尔
的逻辑学反而弄巧成拙,"这个家伙竟打算在他的第二部大作中用黑
格尔的方式来阐述政治经济学。但是使他遗憾的是,他会看到:通过
批判使一门科学第一次达到能把它辩证地叙述出来的那种水平,这是
一回事,而把一种抽象的、现成的逻辑体系应用于关于这一体系的模
糊观念上,那完全是另外一回事"③。对于马克思的评价,列宁写道:
"拉萨尔的《赫拉克利特》是小学生的习作。对辩证法的概念毫无批
判。"④ 列宁开始意识到,在马克思的经济学研究中,黑格尔的辩证
法具有更加重要的方法论地位。此外,在马克思和恩格斯的通信中评
论工人哲学家狄慈根时,也写道"他恰恰没有研究过黑格尔,这是他
的不幸"。列宁作了提要:"马克思论狄慈根","主要是,狄慈根没
有研究过黑格尔……"⑤ 1870 年 4 月 14 日,马克思在给恩格斯的信
中提到自己最近读到苏格兰黑格尔主义者斯特林写下的专门批评赫胥
黎的小册子,马克思指出正因为"斯特林对黑格尔辩证法的知识,使
他能够揭示赫胥黎开始研究哲学时的那些弱点"⑥。列宁所作的提要
是这样的:"斯特林(英国黑格尔主义者——唯心主义者)懂得黑格

---

① 《列宁全集》(第 58 卷),人民出版社 1990 年版,第 35—36 页。
② 同上。
③ 《马克思恩格斯〈资本论〉书信集》,人民出版社 1976 年版,第 123 页。
④ 参见《列宁全集》(第 58 卷),人民出版社 1990 年版,第 36 页。
⑤ 同上书,第 90 页。
⑥ 同上书,第 142 页。

尔的辩证法，正确地指出了赫胥黎的弱点。"在写下"正确"之后，他用四条竖线隔开，专门写下"注意"一词。① 通过对马克思和恩格斯来往书信的阅读，使列宁意识到，无论是在马克思关于辩证法和经济学问题的研究中，还是恩格斯关于自然辩证法的研究中，唯心主义大家黑格尔犹如幽灵般总是无处不在。而且懂得了黑格尔的辩证法还能看到唯物主义哲学家的问题（赫胥黎），列宁终于明白在马克思和恩格斯那里，黑格尔的辩证法不是一般的学术观点，而恰恰是全部马克思主义哲学的灵魂。不懂黑格尔的辩证法，这也是他的不幸。

　　列宁的意识是正确的，1870 年 6 月 27 日马克思在给库格曼的信中写道："同一个朗格在谈到黑格尔的方法和我对这种方法的应用时所说的话实在是幼稚。第一，他完全不懂黑格尔的方法；因而，第二，也就更加不懂我应用这个方法时所采取的批判方式……他们早已把可怜虫黑格尔埋葬了以后，恩格斯和我以及其他一些人竟还严肃地对待死狗黑格尔。朗格极其天真地说，我在经验的材料中"以罕见的自由运动着"。他根本没有想到，这种'材料中的自由运动'只不过是对一种处理材料的方法——即辩证方法——的描述而已……"② 1867 年 6 月16 日，恩格斯在写给马克思的信中，评论了马克思《资本论》第一卷第一章的方法问题时指出，第一章的讨论可以把用辩证法获得的东西，从历史上稍微详细地加以证实，就是用历史对这些东西进行检验，同时建议马克思用黑格尔《哲学全书》，即我们通常所读的《小逻辑》中的方法来处理，分成简短的章节，用特有的标题来突出每一个辩证法的转变。紧接着 6 月 22 日马克思在给恩格斯的回信中写道，他部分地接受了恩格斯的建议，写了一篇附录，并把每一个阐述的段落变成章节加上特有的小标题，"我要在序言中告诉那些'不懂辩证法的'读者，要他们跳过 x—y 页而去读附录……这部分对全书来说是太有决定

---

①　《列宁全集》（第 58 卷），人民出版社 1990 年版，第 142 页。

②　《马克思恩格斯〈资本论〉书信集》，人民出版社 1976 年版，第 311 页。

意义了"①。可以说，马克思的《资本论》中蕴含着黑格尔的幽灵，不懂得黑格尔的《逻辑学》，就无法真正懂得马克思的《资本论》。1890年10月27日恩格斯在给施密特的信中也写道："所有这些先生们所缺少的东西就是辩证法。他们总是只在这里看到原因，在那里看到结果。他们从来看不到：这是一种空洞的抽象，这种形而上学的两极对立在现实世界中只是在危机时期才有……对他们说来，黑格尔是不存在的。"② 可见，无论是马克思还是恩格斯，他们都很重视黑格尔和辩证法。至此，列宁开始全面地研究黑格尔的《逻辑学》《哲学史》《历史哲学》和《哲学全书》，并作了评论、摘录和批注。如果说列宁的《唯物主义和经验批判主义》所表达的更多的是一种政治上的意向，那么在这之后的《哲学笔记》则可看作列宁在哲学问题上成熟和最终的陈述。对此，莱文的评价是公允和正确的，他说"对列宁的哲学生涯的第三个时期（1914年至他逝世）进行的这种分析，实际上是在分析列宁作为一个辩证法家的出现"③。这里尤为重要的是列宁《哲学笔记》中所阐述的辩证法思想，它是在参看黑格尔的《逻辑学》和马克思的《资本论》基础上所阐发的，所以已经不再是黑格尔意义上的唯心辩证法，而是在黑格尔理论高度上的马克思的唯物主义实践辩证法，列宁最终实现的是对马克思主义哲学思想最深刻的革命性认识和转换。

第二节 列宁的视域："唯物主义的逻辑、认识论和辩证法"三者一致的思想

一 列宁的解读：逻辑学意义上的辩证法

辩证法的"三者一致"是黑格尔哲学的本然结构，马克思在改造黑格尔的唯心辩证法的基础上，将它运用于资本主义经济结构的研

---

① 《马克思恩格斯〈资本论〉书信集》，人民出版社1976年版，第215页。
② 同上书，第509页。
③ ［美］莱文：《辩证法内部对话》，张翼星等译，云南人民出版社1997年版，第360页。

究，列宁在《哲学笔记》中明确将黑格尔（《逻辑学》）与马克思（《资本论》）放在同一个"事业"中，并在黑格尔——马克思那里找到了"十月革命"的理论合法性，最终在客观的实践辩证法的基础上，实现了主观辩证法、认识论和辩证逻辑学的"三者一致"，这是列宁对马克思、恩格斯所创立的理论的巨大推进。

在对黑格尔《逻辑学》一书的摘要中，列宁具体分析了黑格尔的逻辑、概念和范畴，给了"贬低和歪曲黑格尔的辩证法，把辩证法从自觉形态降低为实例的总和"的敌人以漂亮的一击。人们通常把逻辑学看成"教人思维"的学说，黑格尔说这是一种偏见，只有逻辑学才是构成真正的形而上学或纯粹的、思辨的哲学，黑格尔关于"逻辑"的逻辑学，与传统的形式逻辑不一样。对此列宁提醒我们注意，"在旧逻辑中，没有过渡，没有发展（概念的和思维的），没有各部分之间的'内在的必然的联系'，也没有某些部分向另一些部分的'过渡'"①，而黑格尔的逻辑学则包含"联系的必然性"和"差别的内在发生"在内，这两点深刻地体现了黑格尔辩证法的特点，即在对立面的统一中把握对立面，"辩证法是一种学说，它研究对立面怎样才能够同一，是怎样（怎样成为）同一的——在什么条件下它们是相互转化而同一的，——为什么人的头脑不应该把这些对立面看作僵死的、凝固的东西，而应该看作活生生的、有条件的、活动的、彼此转化的东西。在阅读黑格尔时……"② 我们看到，黑格尔要求的逻辑是这样的逻辑："其中形式是富有内容的形式，是活生生的实在的内容的形式，是和内容不可分离地联系着的形式"；"逻辑不是关于思维的外在形式的学说，而是关于'一切物质的、自然的和精神的事物'的发展规律的学说，即关于世界的全部具体内容的以及对它的认识的发展规律的学说，即对世界认识的历史的总计、总和、结论"③。列

① ［俄］列宁：《哲学笔记》，人民出版社1993年版，第81页。
② 同上书，第90页。
③ 同上书，第77页。

宁特别重视黑格尔的"逻辑"，在摘录黑格尔关于逻辑"它不只是抽象的普遍，而且还是自身包含特殊东西的丰富的普遍性"之后，列宁写道："绝妙的公式：'不只是抽象的普遍，而且是自身体现着特殊的、个体的、个别的东西的丰富性的这种普遍'（特殊的东西和个别的东西的全部丰富性！）!! 很好！"①。"思辨的逻辑"不是一个僵死的、静止不动的思维的外在形式，而是一个动态的、蕴含着思想的、内容和形式相统一的"发展"的逻辑。辩证法正是体现这一逻辑自身矛盾运动的"动"的过程，逻辑和辩证法是同一的，这是一个关节点。而人们把辩证法看作"变戏法"，看作可以用来"套在任何论题上的刻板公式"，一个重要原因就是对黑格尔"逻辑"的误解。

此外，要想深刻地理解辩证法就是逻辑学，还要重新理解黑格尔"逻辑"的现实表达——概念。这也是列宁《哲学笔记》着力最多的地方。一提到"概念"，人们通常的想法就会把它与"抽象"连在一起，相比较而言，感性的杂多表象更给人以具体性和实在性。在人们心中，"概念"是一种离开整个世界和全部生活的空洞的"名称"，是抽象的僵化。这恰恰是一种误解，哲学是概念式的认识，哲学也是最敌视抽象的，一个对象如果没有经过概念式的思维，就只是一个名称甚至是一个表象，只有在思维和概念的规定中，对象才是它原来的样子。实际上，黑格尔讲过，他说当我们认识对象的时候，概念就发挥着规定性的作用，黑格尔对概念的历史性考察说明并证实了这种能动性，列宁在摘录中就写道："在人面前是自然现象之网。本能的人，即野蛮人，没有把自己同自然界区分开来。自觉的人则区分开来了，范畴是区分过程中的梯级，即认识世界的过程中的梯级，是帮助我们认识和掌握自然现象之网的网上纽结。"② 如果说概念是"抽象"的，那是对概念做了"知性"的理解（传统形而上学），黑格尔的"概

---

① ［俄］列宁：《哲学笔记》，人民出版社 1993 年版，第 83 页。
② 同上书，第 78 页。

念"是运动的、发展的,它体现的是一切生命的原则,是完全具体的东西。由此列宁指出了黑格尔的机智与聪明,"对通常看起来似乎是僵死的概念,黑格尔作了分析并指出:它们中有运动。有限的?就是说,向终结运动着!某物?——就是说,不是他物。一般存在?——就是说,是这样的不规定性,以致存在=非存在。概念的全面的、普遍的灵活性,达到了对立面同一的灵活性,——这就是实质所在。主观地运用的这种灵活性=折中主义与诡辩。客观地运用的灵活性,即反映物质过程的全面性及其统一性的灵活性,就是辩证法,就是世界的永恒发展的正确反映"①。列宁在这一方框外还特别写上"注意:在阅读黑格尔时,关于辩证法的思想"。理解运动,理解概念能够运动,就是理解如何在概念的逻辑中表达运动,传统的形而上学家所犯的错误就在于他们只是肯定"运动"的经验性,把运动描述成一些静止状态的总和及连接,而思维自身运动的可能性却被认为是不可想象的。殊不知他们描述的只是运动的结果,而不是运动自身,思维自身所蕴含的矛盾被掩盖、隐藏和搁置起来。黑格尔则抓住了问题的实质,认为概念之所以不是僵化的、静止的,是能运动的,就是因为概念自身中蕴含矛盾,"某物只因为在本身中包含着矛盾才运动,才有冲动和活动",运动就是存在着的矛盾本身,矛盾是不可思议的,但矛盾的思维却恰恰是概念的本质要素。变化必须出自概念的本质自身,每一概念的本质自身,都包含与它相对立的概念的联系,因此,概念自身本质的展开,就自然地过渡转化为另一个概念——谁能相信这恰恰是"黑格尔主义"的实质呢?对此列宁评价道:"这是机智而正确的。任何具体的东西、任何具体的某物,都是和其他的一切处于相异的而且常常是矛盾的关系中,因此,它往往既是自身又是他物"②。黑格尔研究的正是客观世界的运动在概念运动中的反映。

---

① [俄]列宁:《哲学笔记》,人民出版社1993年版,第91页。
② 同上书,第115页。

此外，运动的逻辑也是具有客观性的，列宁还摘抄了黑格尔关于"诡辩和辩证法"的论述，"诡辩是依据未予批判和不加思索的无根据的前提而作的推理；而我们称辩证法是高级的理性运动，在这种运动中，那些似乎是全然分离的规定通过自己，通过它们本身而相互过渡，前提则被扬弃"①。列宁在摘录的旁边特别写上了"诡辩和辩证法"，把辩证法歪曲成诡辩论的第二国际的马克思主义者们就是忽略了辩证法的客观性，把辩证法当成了主观任意性，想用的时候就随便拿出他们所谓的"辩证法"来粉饰一下。由此列宁提出，"当逻辑的概念还是'抽象'的，还具有抽象形式的时候，它们是主观的，但同时它们也表现着自在之物，自然界既是具体的又是抽象的，既是现象又是本质，既是瞬间又是关系。人的概念就其抽象性、分隔性来说是主观的，可是就整体、过程、总和、趋势、来源来说却是客观的"②。列宁又进一步指出，"否定概念的客观性、否定个别和特殊之中的一般的客观性，是不可能的。黑格尔探讨客观世界的运动在概念的运动中的反映，所以他比康德及其他人深刻得多"③。在这段论述中，列宁还以马克思的《资本论》中阐述的"商品"为例，具体指出，"这一个商品和另一个商品交换的个别行为，作为一种简单的价值形式来说，其中已经以尚未展开的形式包含着资本主义的一切主要矛盾，——即使是最简单的概括，即使是概念（判断、推理等等）的最初的和最简单的形成，已经意味着人在认识世界的日益深刻的客观联系。在这里必须探求黑格尔逻辑学的真实的含义、意义和作用。要注意这点"④。

列宁在从黑格尔逻辑学意义上理解的辩证法中，已然摆脱了之前唯心主义就是错误的观点，因为在列宁看来"聪明的唯心主义比愚蠢

---

① ［俄］列宁：《哲学笔记》，人民出版社1993年版，第89页。
② 同上书，第178页。
③ 同上书，第149页。
④ 同上书，第149—150页。

的唯物主义更接近于聪明的唯物主义"①。所谓"聪明的唯心主义"也就是黑格尔意义上的辩证法的唯心主义，它蕴含着"辩证法、逻辑学、认识论"的三者一致，所以马克思才会说，比起愚蠢的唯物主义，能动的方面却被唯心主义抽象地发展了，愚蠢的唯物主义当然不会明白"概念并非僵死的、抽象的，概念之中有世界"的道理。对此，列宁更进一步解释道："辩证的唯心主义代替聪明的唯心主义；形而上学的、不发展的、僵死的、粗陋的、不动的代替愚蠢的"②。

二 为什么辩证法是认识论

辩证法也就是（黑格尔和）马克思主义的认识论。③

——列宁《谈谈辩证法问题》

列宁提出"辩证法就是认识论"，强调马克思主义与黑格尔辩证法的一致性，主要是为了反对普列汉诺夫等马克思主义者站在旧唯物主义的立场，否定聪明的唯心主义所蕴含的能动方面——辩证法，从而走向倒退黑格尔的片面观点，"从粗陋的、简单的、形而上学的唯物主义的观点看来，哲学唯心主义不过是胡说。相反地，从辩证唯物主义的观点看来，哲学唯心主义是把认识的某一特征、某一方面、某一侧面，片面地、夸大地发展（膨胀、扩大）为脱离了物质、脱离了自然的、神化了的绝对。唯心主义就是僧侣主义。这是对的，但哲学唯心主义是经过人的无限复杂的（辩证的）认识的一个成分而通向僧侣主义的道路"④。马克思主义哲学实现的是从"聪明的唯心主义"到"聪明的唯物主义"的飞跃，对此列宁批评了普列汉诺夫等

① ［俄］列宁：《哲学笔记》，人民出版社1993年版，第235页。
② 同上。
③ 同上书，第308页。
④ 同上书，第311页。

一些人把辩证法的对立面的同一仅仅"当作实例的总和……而不是当作认识的规律（以及客观世界的规律）的错误"①。列宁指出，"普列汉诺夫关于哲学（辩证法）大约写了近 1000 页（别尔托夫＋反对波格丹诺夫＋反对康德主义者＋基本问题等等、等等）。其中关于大逻辑，关于它、它的思想（即作为哲学科学的辩证法本身）却没有说什么!!"②。显然，普列汉诺夫是不懂黑格尔、不懂辩证法的。列宁则主张站在辩证法的立场上，把认识论和辩证法统一起来，明确提出"辩证法就是认识论"的论断，但对这一论断，学界却一直存在不同的理解和阐释，其中代表性的观点是把列宁的论断解释为把"辩证法应用于反映论，应用于认识的过程和发展"③，认为列宁最关注的是认识论问题，那么列宁的辩证法思想只是"认识论的辩证法"，这一观点极大地缩小了列宁关于"辩证法是认识论"的思想内涵。最深层的原因就是没有深刻理解列宁的辩证法是在"黑格尔和马克思"基础上将"同一的主观辩证法、认识论和逻辑学"统一起来的"三者一致"的辩证法。

在《谈谈辩证法问题》中，列宁指出"辩证法就是认识论"首先植根于人的认识本性，"从最简单、最普通、最常见的等等东西开始；从任何一个命题开始，如树叶是绿的，伊万是人，茹奇卡是狗等等。在这里（正如黑格尔天才地指出的）就已经有辩证法：个别就是一般"④。而且"在任何一个命题中，很象在一个'单位'（'细胞'）中一样，都可以（而且应当）发现辩证法一切要素的胚芽，这就表明辩证法本来是人类的全部认识所固有的"⑤。黑格尔的辩证法为辩证法走向科学提供了一个思想基础，但由于脱离了客观实在的基

---

① ［俄］列宁：《哲学笔记》，人民出版社 1993 年版，第 305 页。
② 同上书，第 236 页。
③ 参见孙正聿《列宁的"三者一致"的辩证法——〈逻辑学〉与〈资本论〉双重语境中的〈哲学笔记〉》，《中国社会科学》2012 年第 9 期。
④ ［俄］列宁：《哲学笔记》，人民出版社 1993 年版，第 307 页。
⑤ 同上书，第 308 页。

础而走向了神秘化，黑格尔的辩证法"自己构成自己的道路"应该是真正认识的、不断认识的、从不知到知的运动的道路，所以列宁才说要"倒过来"："逻辑和认识论应当从'全部自然生活和精神生活的发展'中引申出来，逻辑规律不过是客观事物在人的主观意识中的反映而已，也就是说辩证法是全部人类所固有的，人的认识本身也是辩证发展的，思想的认识和客体的认识是一个过程，而认识是思维对客体的永远的、无止境的接近。自然界在人的思想中的反映，要理解为不是'僵死的'，不是'抽象的'，不是没有运动的，不是没有矛盾的，而是处在运动的永恒过程中，处在矛盾的发生和解决的永恒过程中。"① 在此揭示出人对事物现象的认识不是僵死不变的，如果那样就不能反映活生生的生活，认识的过程是不断深化，从不甚深刻到深刻的无限过程。对此，列宁作了深刻的阐释："辩证法是活生生的、多方面的（方面的数目永远增加着的）认识，其中包含着无数的各式各样观察现实、接近现实的成分（包含着从每个成分发展成整体的哲学体系），——这就是它比起'形而上学的'唯物主义来所具有的无比丰富的内容……"②

此外，应当指出"辩证法就是认识论"之中内在隐含着的是"辩证法"同"哲学史"的联系。黑格尔是典范，他的唯心辩证法可以说是以最宏伟的形式总结了全部哲学史的发展，他的每个范畴都表征着哲学史上的一个发展阶段，在对黑格尔《逻辑学》存在论部分的摘要中列宁就写下了这样的评语："黑格尔是把他的概念、范畴的自身发展和全部哲学史联系起来了。这给整个逻辑学提供了又一个新的方面。"③ 黑格尔的哲学就是哲学史，就是对辩证的东西的探讨，是把"内容"引入逻辑的考察。黑格尔的辩证法之所以是自觉形态的理论就在于这个理论本身包含全部人类认识史的成果，是对人类认

①　[俄]列宁：《哲学笔记》，人民出版社1993年版，第165页。
②　同上书，第308—311页。
③　同上书，第97页。

识史的总结。可以说他的辩证法就是对整个思想史的概括，列宁看到了实质，"要继承黑格尔和马克思的事业，就应当辩证地探讨人类思想、科学和技术的历史"①。列宁更进一步指出，"哲学史""各门科学的历史""儿童智力发展的历史""动物智力发展的历史""语言的历史""心理学""感觉器官的生理学"，这些也构成了认识论和辩证法的知识领域。可见，辩证法理论产生于对人类认识史的总结，也就是对人类所获得的自然、社会和思维知识的概括总结。从人类认识史和科学史出发，列宁还概括了思维反映存在运动的一般规律，他说："概念（认识）在存在中（在直接的现象中）揭露本质（因果、同一、差别等等规律）——整个人类认识（全部科学）的一般进程确实如此。自然科学和政治经济学［以及历史］的进程也是如此"②。要从各门科学的历史来更具体地、更详细地研究这一点，马克思的《资本论》为我们做出了典范，列宁具体写下："商品—货币—资本""绝对剩余价值的生产""相对剩余价值的生产"——资本主义的历史和对于概述资本主义历史的那些概念的分析。"开始是最简单的、最普通的、最常见的、最直接的'存在'：个别的商品（政治经济学中的'存在'）。把它作为社会关系来加以分析。两重分析：演绎的和归纳的，——逻辑的和历史的（价值形式）"，"在这里，在每一步分析中，都用事实即用实践来检验"③。《资本论》所揭示的资本运动的逻辑，正是黑格尔辩证法的合理形式的具体运用，是马克思以"思维的规定"（经济范畴的逻辑运动）所把握到的"现实历史的规定"（人与人之间的社会关系）。

---

① ［俄］列宁：《哲学笔记》，人民出版社1993年版，第122页。
② 同上书，第289页。
③ 同上书，第290—291页。

第三节　辩证法"三者一致"的
唯物主义基点——实践

马克思之后，可以说，列宁是第一个对黑格尔哲学进行深入研究的马克思主义理论家，而列宁阐述的"三者一致"的辩证法思想是在黑格尔《逻辑学》的基础上、参看马克思的《资本论》而得的，所以它是"唯物主义的逻辑、辩证法、认识论"的三者一致，列宁自己也说过，"我总是竭力用唯物主义观点来阅读黑格尔：黑格尔是倒置过来的唯物主义'恩格斯的说法'——就是说，我大抵抛弃上帝、绝对、纯观念等等"①。其实在黑格尔哲学中，列宁多次指出它有唯物主义的萌芽，在对《逻辑学》"关于绝对理念"一章的摘要中，列宁就指出，"'关于绝对理念'的整整一章，几乎没有一句话讲到神（差不多只有一次偶然漏出了'神的''概念'），此外——注意这点——几乎没有专门把唯心主义包括在内，而是把辩证的方法作为自己主要的对象。黑格尔逻辑学的总结和概要、最高成就和实质，就是辩证的方法，——这是绝妙的。还有一点：在黑格尔这部最唯心的著作中，唯心主义最少，唯物主义最多。'矛盾'，然而是事实！"②。在对黑格尔《历史哲学讲演录》一书的摘要中，列宁记下这样的话，"人为了自己的需要，以实践的方式同外部自然界发生关系；他借助自然界来满足自己的需要，征服自然界，同时起着中间人的作用。问题在于：自然界的对象是强有力的，而且进行种种的反抗。为了征服它们，人在它们中间加进另外一些自然物，这样，人就使自然界反对自然界本身，为了这个目的而发明工具。人类的这些发明是属于精神的，所以应当把这些工具看得高于自然界的对象……"③ 列宁

---

① ［俄］列宁：《哲学笔记》，人民出版社1993年版，第86页。
② 同上书，第202—203页。
③ 同上书，第274页。

在旁边特别批注："在黑格尔那里有历史唯物主义的胚芽"，"黑格尔和马克思"①。也许这些只是黑格尔不自觉的思想萌芽，而自由、实践、人这些关涉黑格尔哲学的历史唯物主义的萌芽又重新被装进了思辨神学的匣子里。这里需要我们注意的是黑格尔哲学以一种"颠倒"的形式，深刻地反映了客观世界的运动和发展的本质，所谓"颠倒"绝不是回到庸俗的旧唯物主义的立场。而马克思挖掘黑格尔《逻辑学》的意义，恰恰也不是简单地用"物质"去替代"上帝"和"绝对理念"，把黑格尔哲学外在地改装成唯物主义，而是认真地探讨黑格尔哲学辩证法逻辑结构的深层含义，用感性活动和生产过程的实践取代思维过程的主体性。以实践的观点来论证"唯物主义的逻辑、辩证法和认识论"的三者一致，这是列宁唯物辩证法的理论基点。

　　马克思主义哲学的一个重要理论前提就是承认世界的本原是物质以及"自然界"的优先地位，对于唯物主义的理论基石——物质，列宁曾给予了明确的定义："物质是标志客观实在的哲学范畴，这种客观实在是人通过感觉感知的，它不依赖于我们的感觉而存在，为我们的感觉所复写、摄影、反映"②。但马克思主义的唯物论不是旧唯物主义，而是新唯物主义，新唯物主义之"新"就在于它不是单纯地从客体或单纯地从主体出发去理解和把握世界，而是从主体与客体相统一的"实践"出发，"对实践的唯物主义者即共产主义者来说，全部问题都在于使现存世界革命化，实际地反对并改变现存的事物"③。马克思的新唯物主义就是实践唯物主义，马克思的新哲学就是一种批判的实践哲学。实践可以说是马克思主义哲学的理论基石，那到底什么是实践呢？

　　在《关于费尔巴哈的提纲》中，马克思也指出，"人的思维是否具有客观的真理性，这不是一个理论的问题，而是一个实践的问题。

① ［俄］列宁：《哲学笔记》，人民出版社1993年版，第274页。
② 《列宁选集》（第2卷），人民出版社1972年版，第89页。
③ 《马克思恩格斯选集》（第1卷），人民出版社1995年版，第75页。

人应该在实践中证明自己思维的真理性，即自己思维的现实性和力量，自己思维的此岸性。关于思维——离开实践的思维——的现实性或非现实性的争论，是一个纯粹经院哲学的问题"①。

人类历史是追求自己目的的人的现实活动过程，辩证法是世界观和方法论，是人如何理解"世界"的世界观和方法论。

黑格尔也谈"实践"，事实上可以说，正是从康德开始到黑格尔终结的德国古典哲学从"唯心"的方面或者更确切地说从"主体方面""能动的方面"发展了对实践的理解，才使马克思在批判费尔巴哈的基础上，把自我意识的抽象形式转化为具体的改造世界的实践活动。在黑格尔《逻辑学》第三部分"概念论"的最后一篇"理念"中，它由"生命""认识的理念"（谈到实践）和"绝对理念"组成。理念的第一个形式就是"生命"，即在直接形式下的理念，按照通常关于逻辑的看法（传统形式逻辑空洞的、僵死的思想形式），在逻辑中一般是不谈生命问题的，但在黑格尔那里，逻辑的对象是真理，而真理本身本质上又在认识之中，那么就不得不谈论认识，谈到认识，就该谈到生命，所以黑格尔谈生命并不仅是人的自然生命体。在生命里，我们能看到概念本身，即可看到作为概念存在着的直接的理念，对此列宁也是赞同的，"从客观世界在人的意识中的反映过程和实践对这个意识（反映）的检验这一角度来看，把生命纳入逻辑的思想是可以理解的——并且是天才的——往下看"②。黑格尔对生命最初的判断就是：生命把自己作为个别的主体而和客观的东西分隔开来……生命是精神的冲动，生命是将主体和客体统一起来的主体的冲动，这内在地隐含着实践的观念。接着在"认识的观念"一章中，黑格尔直接谈到实践，实践作为认识的环节，黑格尔直接将其过渡到"善的理念"。"既然自为的概念现在是自在自为的规定的概念，那么

① 《马克思恩格斯选集》（第1卷），人民出版社1995年版，第55页。
② ［俄］列宁：《哲学笔记》，人民出版社1993年版，第171页。

理念就是实践的理念，即行动"①，对此列宁在这一节后面标注了一段自己的理解，还特别标记"黑格尔论实践和认识的客观性"——"理论的认识应当提供在必然性中、在全面关系中、在自在自为的矛盾运动中的客体。但是，只有当概念成为在实践意义上的'自为存在'的时候，人的概念才能'最终地'抓住、把握、通晓认识的这个客观真理。也就是说，人的和人类的实践是认识的客观性的验证、标准。黑格尔的意思是这样的吗？这一点要回头再看"②。

黑格尔所理解的实践是行动，是活动，是思想中的行动，也是向客观的（善的、绝对的）真理的过渡，"在实践的理念中，它却是作为现实的东西而与现实的东西对立；但主体在其自在自为的规定之中所具有的自己的确定性，却是自己现实和世界非现实之确定性"③。这不禁让我们想到马克思实践的唯物主义，对实践的唯物主义而言，全部问题都在于使现存世界革命化，实际地反对并改变现存事物。对此列宁也指出，"马克思把实践的标准引进认识论时，是直接和黑格尔接近的：见关于费尔巴哈的提纲"④。此外，列宁在读黑格尔关于"认识和实践"的问题时，感触颇多，主要原因是列宁意识到"能动方面"的客观实践在场了，因此在黑格尔的基础上写下了一系列的评语，"人的意识不仅反映客观世界，并且创造客观世界"；"世界不会满足人，人决心以自己的行动来改变世界"；"实质：'善'是'对外部现实性的要求'，这就是说，'善'被理解为人的实践＝要求（1）和外部现实（2）"；"实践高于（理论的）认识，因为它不仅具有普遍性的品格，而且还具有直接现实性的品格"；"活动的结果是对主观认识的检验和真实存在着的客观性的标准"⑤。对于黑格尔来说，

---

① ［俄］列宁：《哲学笔记》，人民出版社1993年版，第180—181页。
② 同上书，第181页。
③ ［德］黑格尔：《逻辑学》（下卷），杨一之译，商务印书馆1976年版，第522页。
④ ［俄］列宁：《哲学笔记》，人民出版社1993年版，第181页。
⑤ 同上书，第181—188页。

人的有目的的活动被纳入了逻辑的范畴，实践活动是在逻辑的"式"中起着某一"项"的作用，也就是说"行动、实践"是逻辑的"推理"、逻辑的"式"，所以不管怎样"实践"它总是从属于精神的，是理性的实践，是从属于绝对理念的环节和目的。而在马克思那里，黑格尔精神世界的能动性只有在改变人们社会生活的有目的的实践活动中、在改变世界中才有意义。逻辑结构的真正本质恰恰是实践的逻辑，而不是逻辑的实践。实践不是理论的实践，也不只是认识的环节，实践是理解马克思哲学的基石，也是"唯物主义的逻辑、辩证法和认识论"三者一致的存在论根源："人的实践经过亿万次的重复，在人的意识中以逻辑的式固定下来。这些式正是（而且只是）由于亿万次的重复才有着先入之见的巩固性和公理的性质。"①

可见，对黑格尔的颠倒绝不是简单的词句上的颠倒，而是整个逻辑的颠倒。通过黑格尔哲学的辩证法思想，列宁才更深刻地走进了马克思、恩格斯的哲学视域。同时也为俄国十月革命找到了现实合法性："俄国的布尔什维克和无产阶级"决心以自己的行动来改变世界！

---

① 列宁:《哲学笔记》，人民出版社 1993 年版，第 186 页。

结　语

以辩证法的"三者一致"推进
马克思主义辩证法研究

正统马克思主义并不意味着无批判地接受马克思研究的结果。它不是对这个或那个论点的"信仰",也不是对某本"圣"书的注解。恰恰相反,马克思主义问题中的正统仅仅是指方法。它是这样一种科学的信念,即辩证的马克思主义是正确的研究方法,这种方法只能按其创始人奠定的方向发展、扩大和深化。而且,任何想要克服它或者"改善"它的企图已经而且必将只能导致肤浅化、平庸化和折中主义。[①]

——卢卡奇《历史与阶级意识》

关于方法,海德格尔曾经说过,"方法"是主体性的最内在的运动,是"存在之灵魂",所以套用海德格尔的话,我们也可以说辩证法是马克思主义哲学的活的灵魂。既然是"活的灵魂",就表明它不是空洞的形式,而是有内容的。辩证法的"三者一致"展现的正是这一内容,它是本体论、认识论和逻辑学相统一的人类思想和历史运动的内涵逻辑。

[①]　[匈]卢卡奇:《历史与阶级意识》,杜章智等译,商务印书馆 1990 年版,第 47—48 页。

黑格尔"聪明的唯心主义":
思想的内涵逻辑

黑格尔的辩证法之所以是一切辩证法的源泉,就在于在黑格尔那里,辩证法是思想的内涵逻辑。黑格尔的哲学就是对哲学史的认识,他认为哲学史是精神进程的内在运动,也就是绝对理念在达到自身的进程中最内在的运动。而这一进程的起点、进展、过程和返回是在辩证法上被规定了的。思辨的辩证法,对黑格尔来说是一切现实的基本特征。作为这样一种运动,方法决定着一切的发生事件,亦即历史。黑格尔的逻辑学本身就是辩证法,通过这种辩证法的运动——直接普遍者和抽象者,即存在,作为客观的东西进入与主体的矛盾之中,借此得到反思,这种反思被规定为中介——在对立面上相交,从而变得具体进而达到统一。对这种统一的把握,是作为辩证法展开自身的本质。聪明的唯心主义正是蕴含着"辩证法、认识论、逻辑学"三者一致的人类思想运动的逻辑,所以对于真正的马克思主义者来说,我们不要把唯心主义者黑格尔全然抛弃,因为黑格尔是聪明的唯心主义,正如马克思所指认的"结果竟是这样,和唯物主义相反,唯心主义却发展了能动的方面,但只是抽象地发展了……"①只要不是无所谓地停留在它面前,而是深入唯心主义的大厦之中,就会发现无数的珍宝,这些珍宝就是在今天对于我们进行马克思主义哲学的研究也还保持着充分的价值和意义。

马克思"《资本论》的逻辑":
历史的内涵逻辑

马克思也和黑格尔一样坚持着辩证法,不同的是,马克思的辩证

---

① 《马克思恩格斯选集》(第1卷),人民出版社1995年版,第58页。

法是和唯物主义统一起来的，是把黑格尔"思想的内涵逻辑"变革为马克思的以"现实的历史"为内容的"历史的内涵逻辑"，并以"《资本论》的逻辑"表现出来。因此，可以说马克思并不是像传统哲学那样仅仅追寻"世界何以可能"的"现实的逻辑"，而是以承担"在旧世界中发现新世界"的"解放何以可能"的"逻辑的现实"为己任。在马克思那里，哲学思考同时也在其历史中活动，并且这种活动就是哲学本身。马克思的《资本论》是由一系列分析资本主义形态的经济范畴所构成的理论体系，离开了这些经济范畴和逻辑关系就不存在《资本论》的理论体系，所以在这个意思上也可以说《资本论》是关于"资本"运动的逻辑学；而关于"资本"的《资本论》，也是对人类认识资本历史进程的理论概括和科学总结，其中的每一个基本范畴都是科学认识运动必经的发展阶段，经济范畴不过是生产的社会关系的理论表现，所以《资本论》也是关于"资本"的认识论；虽然马克思最终也没有写过一本像黑格尔《逻辑学》那样研究辩证法的著作，但马克思的《资本论》以思维的规定把握现实的存在，通过对商品、资本、货币等经济范畴矛盾的分析揭示的却是"物和物"的关系掩盖下的"人和人"的关系，所以它也是批判的、革命的辩证法。

列宁"三者一致"的辩证法：
实践的推进

　　列宁在《哲学笔记》中所阐发的辩证法思想，是在"一切辩证法的源泉"——黑格尔的《逻辑学》和"唯物主义的逻辑"——马克思的《资本论》的双重语境中全面而深入地探索得出来的，它回答和解决了一系列关于辩证法的遗留问题，而且深刻地揭示了辩证法理论研究中尚未得到揭示和论证的新问题，从而为我们今天进一步研究和发展唯物主义的辩证法开拓了广泛的理论空间。提出一个问题比解决一个问题更重要，列宁在《哲学笔记》中提出了一系列值得思考的理论问题，归纳如下：

为什么"辩证法也就是（黑格尔和）马克思主义的认识论？"

如何理解"唯物主义的逻辑、辩证法和认识论"是同一个东西？

为什么"不钻研和不理解黑格尔的全部逻辑学就不理解马克思的《资本论》？"

怎样理解黑格尔逻辑学的"唯心主义最少而唯物主义最多？"

为什么"聪明的唯心主义比愚蠢的唯物主义更接近于聪明的唯物主义？"

怎样理解黑格尔《逻辑学》包含"辩证唯物主义"和"历史唯物主义"的萌芽？

如何理解任何一门科学都是"应用逻辑"？

怎样"从逻辑的一般概念和范畴的发展与运动的观点去总结思想史？"

为什么辩证法是"在概念的逻辑中表达运动的本质？"

从列宁提出的这些问题来看，辩证法关涉的是"黑格尔的逻辑学""唯物主义""逻辑的运动""范畴的发展""认识论"，也就是说这些理论问题的深层根源是对辩证法问题的"三者一致"的理解和研究，所以说列宁所提出和论述的"三者一致"的辩证法，远不是一个已经取得"共识"的或已经解决了的问题，而恰恰是当代辩证法研究中，特别是当代的马克思主义辩证法研究中需要深入探索和不断阐释的重大理论问题，也是一个具有现实意义的思想史课题。

在当代马克思主义辩证法的研究中，西方马克思主义对辩证法的研究引起了我们的关注，如卢卡奇"总体性的辩证法"、霍克海默"启蒙辩证法"、阿多诺"否定的辩证法"、阿尔都塞"结构主义的辩证法"等，这对于在当代的生活世界中丰富和推进马克思主义辩证法的研究具有重要的理论意义。但对西方马克思主义辩证法的研究不能脱离黑格尔、马克思、列宁等为我们提供的有关辩证法的理论遗产，现在我们对西方马克思主义的研究，有这样一种倾向：对西方马克思主义的研究就是对个别人物的研究，可以说这样的研究脱离了马克思、脱离了哲学史；相应地对辩证法的研究也仅仅是对某个人的辩证法理论进行研究，脱离了辩证法的理论形态，这样导致的后果就是极大地缩小了辩证法本身深厚的理论内涵。所以要想深入地探讨和推进马克思主义辩证法的研究，我们就是要在黑格尔、马克思、列宁"三者一致"的辩证法基础上去研究当代重大的理论问题和现实问题。

参考文献

普通图书

［1］《马克思恩格斯选集》（第 1 卷），人民出版社 1995 年版。

［2］《马克思恩格斯选集》（第 2 卷），人民出版社 1995 年版。

［3］《马克思恩格斯选集》（第 3 卷），人民出版社 1995 年版。

［4］《马克思恩格斯选集》（第 4 卷），人民出版社 1995 年版。

［5］《马克思恩格斯全集》（第 1 卷），人民出版社 1995 年版。

［6］《马克思恩格斯全集》（第 2 卷），人民出版社 1995 年版。

［7］《马克思恩格斯全集》（第 3 卷），人民出版社 2002 年版。

［8］《马克思恩格斯全集》（第 30 卷），人民出版社 1995 年版。

［9］《马克思恩格斯全集》（第 31 卷），人民出版社 1998 年版。

［10］《马克思恩格斯全集》（第 44 卷），人民出版社 2001 年版。

［11］《马克思恩格斯全集》（第 45 卷），人民出版社 2003 年版。

［12］《马克思恩格斯全集》（第 46 卷），人民出版社 2003 年版。

［13］《马克思恩格斯全集》（第 1 卷），人民出版社 1956 年版。

［14］《马克思恩格斯全集》（第 2 卷），人民出版社 1957 年版。

［15］《马克思恩格斯全集》（第 3 卷），人民出版社 1960 年版。

［16］《哲学笔记》，人民出版社 1993 年版。

［17］《列宁全集》（第 4 卷），人民出版社 1990 年版。

［18］《列宁全集》（第 2 卷），人民出版社 1990 年版。

［19］《列宁全集》（第 26 卷），人民出版社 1990 年版。

［20］《列宁全集》（第 58 卷），人民出版社 1990 年版。

［21］［德］黑格尔：《精神现象学》（上、下卷），商务印书馆 1979 年版。

［22］［德］黑格尔：《小逻辑》，贺麟译，商务印书馆 1980 年版。

［23］［德］黑格尔：《逻辑学》（上、下卷），商务印书馆 1976 年版。

［24］［德］黑格尔：《法哲学原理》，范扬、张企泰译，商务印书馆 1961 年版。

［25］［德］黑格尔：《历史哲学》，上海书店出版社 2006 年版。

［26］［德］黑格尔：《哲学史讲演录》（第 1—4 卷），贺麟、王太庆译，商务印书馆 1959 年版。

［27］［德］黑格尔：《黑格尔政治著作选》，中国法制出版社 2008 年版。

［28］［德］黑格尔：《黑格尔通信百封》，上海人民出版社 1981 年版。

［29］［德］康德：《纯粹理性批判》，李秋零译，中国人民大学出版社 2004 年版。

［30］［德］谢林：《先验唯心论体系》，梁志学、石泉译，商务印书馆 1976 年版。

［31］［德］康德：《未来形而上学导论》，商务印书馆 1980 年版。

［32］［英］亚当·斯密：《国富论》（上卷），新世界出版社 2007 年版。

［33］［法］蒲鲁东：《什么是所有权》，商务印书馆 1996 年版。

［34］［法］蒲鲁东：《贫困的哲学》，商务印书馆 1998 年版。

［35］［法］科耶夫：《黑格尔导读》，译林出版社 2005 年版。

［36］［加拿大］泰勒：《黑格尔》，译林出版社 2002 年版。

［37］朱亮、张继武等编译：《国外学者论黑格尔哲学》，南京大学出版社 2002 年版。

［38］［德］克朗纳：《论康德与黑格尔》，同济大学出版社 2004 年版。

[39] [美] 大卫·库尔珀:《纯粹现代性批判——黑格尔、海德格尔及其以后》,商务印书馆 2004 年版。

[40] [意] 洛苏尔多:《黑格尔与现代人的自由》,吉林出版集团有限责任公司 2008 年版。

[41] [美] 伯特尔·奥尔曼:《辩证法的舞蹈——马克思方法的步骤》,高等教育出版社 2006 年版。

[42] [德] 梅林:《马克思传》,人民出版社 1965 年版。

[43] [英] 麦克莱伦:《卡尔·马克思传》,中国人民大学出版社 2005 年版。

[44] [英] 麦克莱伦:《青年黑格尔派与马克思》,商务印书馆 1982 年版。

[45] [日] 见田石介:《资本论的方法研究》,中国书籍出版社 2013 年版。

[46] [日] 柄谷行人:《马克思,其可能性的中心》,中国编译出版社 2006 年版。

[47] [美] 伊格尔顿:《马克思为什么是对的》,新星出版社 2011 年版。

[48] [德] 阿多诺:《否定的辩证法》,重庆出版社 1993 年版。

[49] [法] 路易·阿尔都塞:《保卫马克思》,商务印书馆 2006 年版。

[50] [法] 路易·阿尔杜塞:《读〈资本论〉》,中央编译出版社 2001 年版。

[51] [日] 内田弘:《新版〈政治经济学批判大纲〉的研究》,北京师范大学出版社 2011 年版。

[52] [苏] 凯德诺夫:《论辩证法的叙述方式》,中国社会科学出版社 1986 年版。

[53] [英] 罗森塔尔:《马克思主义辩证法史》,人民出版社 1982 年版。

[54] [德] 斯退士:《黑格尔哲学》,河北人民出版社 1986 年版。

［55］［美］诺曼·莱文:《辩证法内部对话》,云南人民出版社 1997 年版。

［56］［法］德勒兹:《什么是哲学?》,湖南文艺出版社 2007 年版。

［57］［德］海德格尔:《路标》,商务印书馆 2000 年版。

［58］［德］海德格尔:《林中路》,孙周兴译,上海译文出版社 2004 年版。

［59］［美］马尔库塞:《理性与革命——黑格尔和社会理论的兴起》,上海世纪出版集团 2007 年版。

［60］［德］柯尔施:《马克思主义和哲学》,重庆出版社 1989 年版。

［61］［希腊］柏拉图:《理想国》,郭斌和、张竹明译,商务印书馆 1986 年版。

［62］［希腊］:《亚里士多德全集》,中国人民大学出版社 1990 年版。

［63］［英］L. 梅扎罗斯:《超越资本——关于一种过渡理论》,中国人民大学出版社 2003 年版。

［64］［美］莱斯特·瑟罗:《资本主义的未来》,中国社会科学出版社 1998 年版。

［65］［埃及］萨米尔·阿明:《全球化时代的资本主义》,中国人民大学出版社 2005 年版。

［66］［英］约翰·格雷:《伪黎明:全球资本主的幻象》,中国社会科学出版社 2002 年版。

［67］［苏］柯普宁:《作为认识论和逻辑的辩证法》,华东师范大学出版社 1984 年版。

［68］［苏］柯普宁:《马克思主义认识论导论》,求实出版社 1982 年版。

［69］［英］吉登斯:《历史唯物主义的当代批判:权力、财产与国家》,上海译文出版社 2010 年版。

［70］［英］吉登斯:《现代性的后果》,译林出版社 2011 年版。

［71］［英］柯亨:《卡尔·马克思的历史理论:一种辩护》,高等教育出版社 2008 年版。

[72] [美] 威廉姆·肖:《马克思的历史理论》,重庆人民出版社 1989 年版。

[73] [英] 哈耶克:《资本主义与历史学家》,吉林人民出版社 2003 年版。

[74] [英] 哈耶克:《通往奴役之路》,中国社会科学出版社 1997 年版。

[75] [日] 柄谷行人:《跨越性批判——康德与马克思》,中央编译 出版社 2011 年版。

[76] [德] 基普、莫里恩:《即将来临的国家破产》,东方出版社 2012 年版。

[77] [英] 甘西:《反思财产:从古代到革命时代》,北京大学出版 社 2011 年版。

[78] 高清海:《高清海哲学文存》(第 1 卷),吉林人民出版社 1997 年版。

[79] 邹化政:《黑格尔哲学统观》,吉林人民出版社 1991 年版。

[80] 孙正聿:《理论思维的前提批判》,中国人民大学出版社 2010 年版。

[81] 孙正聿:《哲学通论》,辽宁人民出版社 1998 年版。

[82] 孙利天:《论辩证法的思维方式》,吉林人民出版社 2006 年版。

[83] 贺来:《辩证法的生存论基础》,中国人民大学出版社 2004 年版。

[84] 张盾:《马克思的六个经典问题》,中国社会科学出版社 2009 年版。

[85] 邓晓芒:《思辨的张力——黑格尔辩证法新探》,商务印书馆 2008 年版。

[86] 黄楠森:《〈哲学笔记〉与辩证法》,北京出版社 1984 年版。

[87] 王仲士:《〈哲学笔记〉研究》,四川省社会科学院出版社 1987 年版。

［88］张一兵：《回到列宁——关于"哲学笔记"的一种后文本学解读》，江苏人民出版社 2008 年版。

［89］张世英：《论黑格尔的逻辑学》，北京师范大学出版社 2004 年版。

［90］［美］斯塔夫里阿诺斯：《全球通史：从史前史到 21 世纪》，北京大学出版社 2005 年版。

［91］［美］弗雷德里克·詹姆逊：《重读〈资本论〉》，中国人民大学出版社 2013 年版。

［92］［美］罗伯特·L. 海尔布隆钠：《马克思主义支持与反对》，东方出版社 2014 年版。

［93］［法］托马斯·皮凯蒂：《21 世纪资本论》，中信出版社 2015 年版。

［94］［法］雷蒙·阿隆：《社会学主要思潮》，上海译文出版社 2015 年版。

［95］Alan Patten. Hegel's Idea of Freedom ［M］. New York：Oxford University Press，1999.

［96］Tom Rockmore. Hegel, Idealism, And Analytic Philosophy ［M］. New Haven and London：Yale University Press, 2005.

［97］David S. Pacini. Between Kant and Hegel Lectures on German Idealism ［M］. London, England：Harvard University Press，2003.

期刊中析出的论文

［1］孙正聿：《历史唯物主义的真实意义》，《哲学研究》2007 年第 9 期。

［2］孙正聿：《前提批判的哲学理论——一种哲学研究范式的自我阐释》，《社会科学辑刊》2008 年第 1 期。

［3］孙正聿：《哲学与哲学教育》，《哲学动态》2008 年第 1 期。

［4］孙正聿：《现实的历史：资本论的存在论》，《中国社会科学》2010 年第 2 期。

［5］孙正聿：《三组基本范畴与三种研究范式》，《社会科学战线》2011 年第 3 期。

［6］孙正聿：《哲学的形而上学历险》，《天津社会科学》2011 年第 5 期。

［7］刘福森：《论青年马克思的异化理论与历史唯物主义的区别和联系——兼论〈手稿〉在唯物史观形成中的地位和作用》，《吉林大学社会科学学报》1983 年第 2 期。

［8］张盾：《马克思哲学研究的思想史路径——以"市民社会与历史唯物主义"为案例》，《哲学研究》2010 年第 1 期。

［9］张盾、刘聪：《论黑格尔对财产权的批判及其对马克思的影响——黑格尔〈法哲学〉的"秘传教诲"》，《江海学刊》2010 年第 6 期。

［10］王天成：《黑格尔知性理论概观》，《吉林大学社会科学学报》2010 年第 3 期。

［11］黄楠森：《谈谈我国马克思主义哲学的现状与前景》，《哲学动态》2000 年第 2 期。

［12］黄忠晶：《哲学·科学·人道主义——评阿尔都塞"断裂"说的思想基础》，《江苏社会科学》1993 年第 5 期。

［13］邓晓芒：《马克思从黑格尔那里继承了什么?》，《马克思主义与现实》2008 年第 2 期。

［14］靳辉明、洪光东：《所有制关系在马克思社会形态理论形成中的基础意义》，《中国社会科学》2011 年第 1 期。

［15］陈学明：《马克思主义哲学应当承担自己的历史责任》，《教学与研究》2010 年第 12 期。

［16］王天成：《黑格尔概念辩证法中的个体生命原则》，《天津社会科学》2005 年第 2 期。

［17］邓晓芒：《康德先验逻辑对形式逻辑的奠基》，《江苏社会科学》2004 年第 6 期。

［18］梁志学：《略论先验逻辑到思辨逻辑的发展》，《云南大学学报》2004 年第 4 期。

［19］V.冯·弗罗布莱夫斯基：《法国关于马克思的逻辑学的讨论》，《哲学译丛》1978 年第 3 期。

［20］游斌摘编：《历史终结论的新解释及其批判》，《国外理论动态》2002 年第 3 期。

［21］US Democracy Has Little to Teach China，Francis Fukuyama，Financial Times，Januray 17，2011.

［22］孙正聿：《从实践的观点看——当代中国马克思主义哲学研究的范式转换》，《社会科学战线》2015 年第 11 期。

［23］张传平：《西方"列宁学"视域中的〈哲学笔记〉及其启示》，《南京社会科学》2012 年第 12 期。

［24］张传平：《美国左派学者对列宁"哲学笔记"的人学解读及其批判》，《南京社会科学》2015 年第 11 期。

［25］郝贵生：《论列宁〈哲学笔记〉的当代价值》，《马克思主义研究》2015 年第 2 期。

［26］周嘉昕：《伊里因科夫：马克思主义辩证法研究的新坐标》，《学习与探索》2014 年第 10 期。

［27］赵敦华：《走向马克思的德国唯心论的"四乐章"——读〈关于费尔巴哈的提纲〉》，《北京大学学报》（哲学社会科学版）2015 年第 5 期。

［28］杨耕：《物质、实践、世界：关于马克思主义哲学三个基本范畴的再思考》，《北京社会科学》2000 年第 3 期。

［29］马克思：《"新唯物主义"之"新"在何处——纪念〈关于费尔巴哈的提纲〉写作 170 周年》，《哲学动态》2016 年第 1 期。

［30］王福生：《马克思实践概念的文本分析》，《学术研究》2008 年第 4 期。

［31］程彪：《马克思哲学的"实践"范畴研究评析》，《哲学动态》

2002 年第 3 期。

[32] 仰海峰:《重思马克思与黑格尔的关系——列宁与卢卡奇的两种阅读方式比较》,《北京大学学报》(哲学社会科学版) 2003 年第 4 期。

[33] 仰海峰:《"实践"与"烦"——马克思与海德格尔比较研究之二》,《学习与探索》2001 年第 2 期。

[34] 韩立新:《论青年马克思的黑格尔转向》,《清华大学学报》(哲学社会科学版) 2015 年第 4 期。

[35] 邹诗鹏:《"实践唯物主义"与唯物史观的相通性——基于〈关于费尔巴哈的提纲〉与〈德意志意识形态〉的探讨》,《马克思主义与现实》2015 年第 4 期。

[36] 小林一穗:《〈德意志意识形态〉"费尔巴哈"章的文献问题》,《南京社会科学》2005 年第 8 期。

[37] 张汝伦:《从黑格尔的康德批判看黑格尔哲学》,《哲学动态》2016 年第 5 期。

[38] 刘宇:《论实践与行动的存在论差异:从亚里士多德实践哲学的视角看》,《马克思主义与现实》2016 年第 2 期。

[39] 范畅:《"批判的科学":从康德、黑格尔到马克思》,《教学与研究》2016 年第 6 期。

[40] 赵本义:《黑格尔具体发展理念的精神实质》,《人文杂志》2016 年第 6 期。

[41] 左亚文:《马克思"自由人联合体"的人本之维》,《哲学研究》2014 年第 12 期。

[42] 冯琼:《非物质劳动与当代政治经济学批判的复兴》,《哲学动态》2015 年第 7 期。

[43] 张青卫、王帅:《感觉可以直接成为理论家——对马克思〈1844 年经济学哲学手稿〉的一种新理解》,《哲学研究》2015 年第 10 期。

［44］刘悦笛：《走向"生活之道"的当代西方哲学——兼与孔子的"生活哲学"比较》，《社会科学战线》2015 年第 10 期。

［45］J. 哈贝马斯：《知识与人类的旨趣：一个普遍的视角》，《世界哲学》2015 年第 2 期。

［46］尚杰：《德里达的信仰》，《哲学动态》2015 年第 2 期。

［47］孙迪亮、李西祥：《我们应该在何种意义上理解黑格尔的辩证法》，《哲学研究》2015 年第 1 期。

［48］赵敦华：《"密纳发的猫头鹰"和"高卢的雄鸡"——黑格尔和他的时代》，《东北师范大学学报》2015 年第 3 期。

报纸中析出文献

［1］孙正聿：《关于马克思主义创新的思考》，《光明日报》2009 年 5 月 19 日（009）。

［2］孙正聿：《马克思开辟的哲学道路》，《光明日报》2011 年 11 月 8 日（011）。

后 记

过一种怎样的生活

　　从吉林大学哲学社会学院马克思主义哲学专业博士毕业来到武汉纺织大学马克思主义学院工作已经三年有余。在这期间，我实现了从学生到教师的角色转换。根据学校规定，新进的马克思主义学院思想政治教育专业的老师都要求有基层锻炼的工作经验。在入校第一年，我被安排到本校艺术学院做兼职辅导员，在完成好本职教学任务的同时，我作为大一新生的辅导员，参与了大一新生的迎新工作和军训生活，并在学习和生活上给予他们指导和帮助，与他们一起迎接新的生活。在一年的辅导员工作岗位上，我也学到了很多书本之外的知识，亲近了"90后"的大学生，这也有助于我思考如何将自己所学的知识更好地传授给学生。我的专业是马克思主义哲学，能够研习哲学是我人生中最幸福也是最幸运的选择，尤其是在吉林大学接受这样的教育。有很多人认为像哲学这样的人文社科类的专业不如理工科那样能产生实际的生产力，没有实用性，所以觉得学哲学没有用，经常也有学生这样问我：老师你学这个有意思吗？太抽象了又难又晦涩，即使我没有学这样的知识还是一样生活，哲学应该是最没用的知识吧！是的，无用才为大用。我们知道古希腊是哲学的发源地，哲学从希腊语到英语再到我们今天的汉语，从词源学上理解是"爱智慧"。什么是智慧呢？亚里士多德认为"研究最初原因和事物由之生成的东西即本原"，可以称为智慧，那么哲学作为爱智之学就是关于寻求最高原因的基本原理的学术。这种出于对终极存在原因的追问所做的哲学思考绝不是偶然的、外在的，而是哲学家本身自觉的、内在的精神生活。对哲学的追求总是与其生活紧密地交织在一起。此外亚里士多德还指出，哲学这门知识一开始就不是什么创制科学，不论是在最原初，还是在我们生活的今天，人都是由于对身边所不懂的事物感到惊奇，继而对更重大的事情产生疑问才开始哲学思考的。当我们感到疑难和好奇的时候，事实上是觉得自己无知，当我们为了摆脱无知而进行哲学思考时，那我们就可以说是"为了知本身而求取知识，并不以某种实用为目的"，所以哲学这门科学是最自由的学问，只有它才仅是为了自身而存在。时至今日，我的学生可能也包括我本人，经常问我们自己是为着什么样的目的来学习生活的呢？我们总是被某种功利的目的所驱使，就像我上课问学生，我们为什么要学习马克思主义基本原理？很多学生的回答竟然是为了考研。不错，是的，这是我们考研必考的一门知识，那不考研的学生就不用学习了？哲学思维是要培养我们的一种能力，探寻事物本质的最终原因。事实上，以一种功利的目的驱使我们的行为，我们自身会变得不自由，由此在学习生活的路上又能走多远呢？苏格拉底曾经说过非常有名的一句话："认识你自己"，实际上就是说人必须通过他自己才能找到他的天职，他的目的，世界的最终目的、真理、自在自为的东西，必须通过他自己而达到真理。他在《申辩篇》中写道："我只奉劝你们老年人和青年人，不要顾虑你们个人和财产，首先和重要的是关注取得精神上最大的进步。我告诉你们，钱不能给人以德性，而钱和其他公与私的好东西却能来自德性"。

我在学校里教授的课程是马克思主义基本原理，那今天有多少学生是信奉着这样的原理呢？我们可以从西方哲学的传统来谈谈信仰问题，自古希腊柏拉图以来，人的生活就被分成了两个部分：一是肉体生活，它对应着我们人性中的动物性，我们人和动物一样是来自自然界的；二是灵魂生活，它对应着人的神性，神性指向着超自然的彼岸世界，不管人们给这个彼岸世界冠以什么名称，如柏拉图的"理念世界"、基督教的"上帝"等，人们对它的信仰却是毋庸置疑的。因为在西方人眼里，如果没有那个彼岸世界，只有自然界，那人的灵魂、神性就失去了根据和意义，也就和动物没什么两样，人就无所谓人。所以真正的信仰应该是超验的、彼岸的信仰，也可以说是纯精神性的信仰。这种肉欲和神性共存于人之中，就会产生两种情况：一种是在世俗化潮流的不断席卷下，人们更专注于物质的生活，而对灵魂生活、精神追求采取一种冷漠的态度，这种冷漠正是没有信仰的表现；另一种情况则是那些重视精神生活的人或认为人不能没有精神追求的人在面对物质世界的刺激时又会陷入空前的苦闷中。这种怀疑和绝望正是无信仰的非本真状态表现，正如蒂利希所言"把无意义接受下来，这本身就是有意义的行为，这是一种信仰行为"。可见，信仰并非在头脑中灌输的一种观念，它是灵魂的一种状态。与我们这一时代比，我们面对的学生是新时期的"90后"，"90后"这一代的社会化在他们踏上社会之前就已经开始了，"世故老到，善于表演，懂得配合"在他们身上体现得淋漓尽致。国家的盛世集中在"90后"的大学时代，但社会的问题也凸显在他们的青葱岁月，毒奶粉的出现、地沟油的泛滥，利益成为唯一的价值，信仰、理想、道德成为交易的筹码，所有的一切无不冲击着他们的心灵，动摇着他们的灵魂。我们作为思想政治理论课的教师，面临着巨大的挑战。如何用抽象的理论去唤醒他们的灵魂并产生共鸣，使我们的马克思主义理论成为学生真正信服的一种信仰而不是灌输的理论，才是我们应该深入思考的问题。

对于我们学生而言，大学生活，是人一生中最可珍视的生命历程，望子成龙或望女成凤的父母总是为能够把孩子送进大学的校门接受高等教育而倍感欣慰。可见，大学是培育人最主要的渠道和阵地，对于大学，基本上，大家都会达成这样一个共识，即大学不是职业培训机构，大学的理念、大学的精神不应当仅仅是训练工作技能的精神，大学应该熏陶的是一种人文精神。真正的大学理念正是这样一种人文教育，这种教育是培养人有一种"面朝大海，春暖花开"的情怀。正如康德所说，"有两样东西，人们越是经常持久地对之凝神思索，它们就越是使内心充满常新而日增的惊奇和敬畏：我头上的星空和我心中的道德律"。这种精神能引领学生突破专业局限，来到星空之下的整个世界：政治、经济、文化、历史、数学、物理、化学，像星星一样在深蓝的天空中闪耀。

哲学专业毕业之后，作为教师驻守在思想政治理论课的阵地上，一直在思考人之为人到底要过一种怎样的生活才是好的呢？也许每个人的想法都是不一样的，那大学教师尤其是思想政治理论课的教师作为传道授业解惑者实际上就是要守住自己和学生的精神家园，也许对我们来说，遗忘之后的剩余才是教育吧。

最后我要感谢我的导师孙正聿教授，感恩自己能在学习途中遇见这样一位导师，有着哲学"王"的光环，像太阳一样给予我们光和热，滋养着我的灵魂，引导我真正思考学习、工作、生活的意义和价值，也要感谢我们学院的院长朱立霞教授给我创造机会在中国社会科学出版社出版自己的博士论文，最后也要感谢田文、徐沐熙编辑为本书的出版付出的辛勤工作。